Hohenleipisch

Ein Streifzug

Bettina Bauch

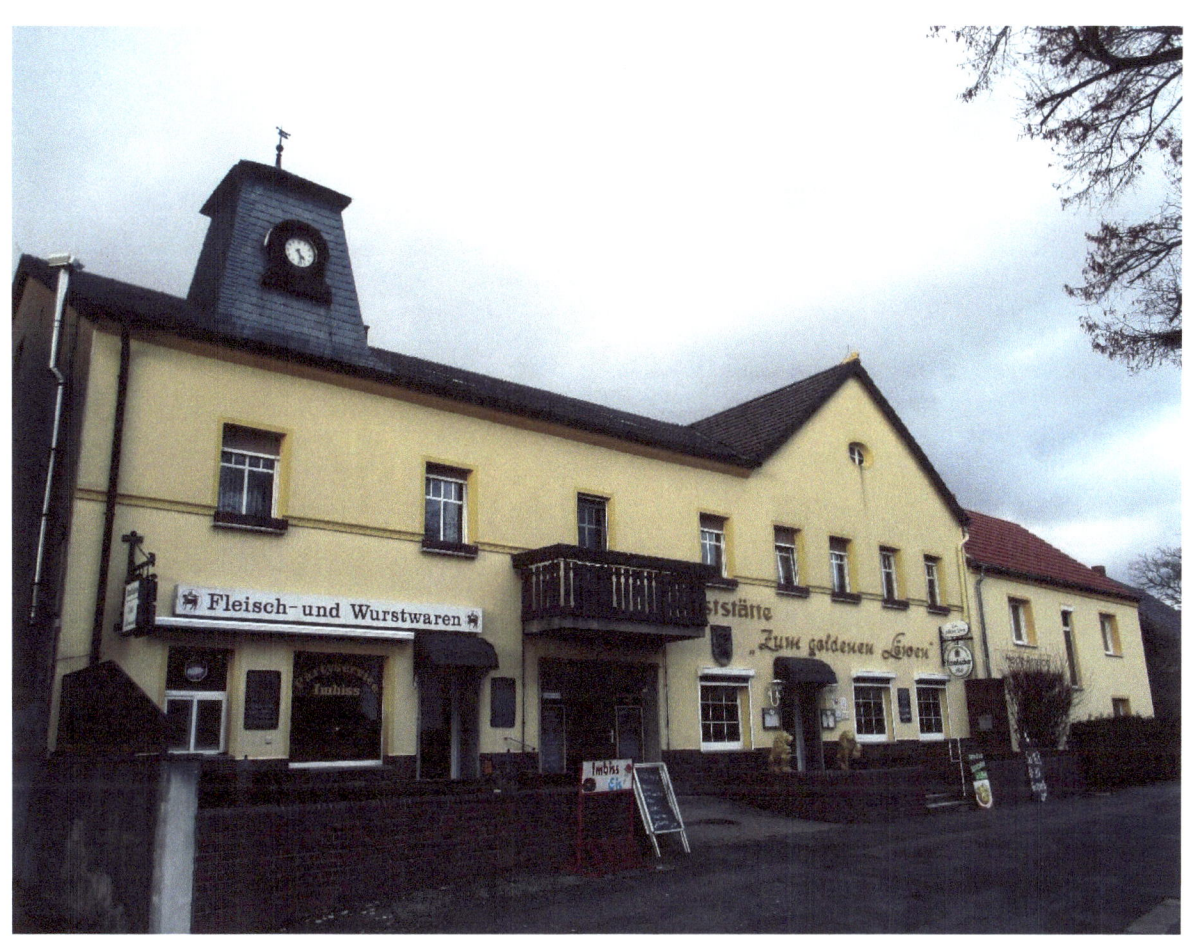

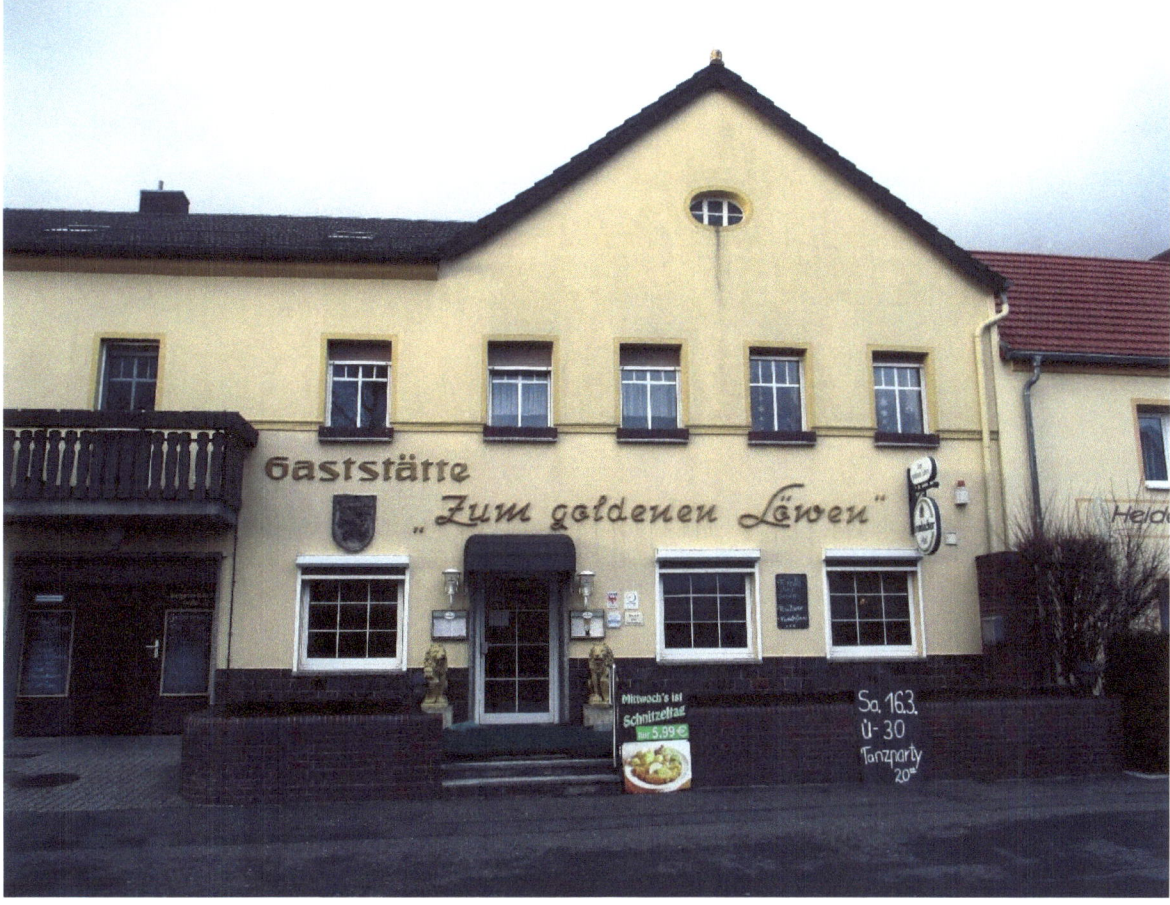

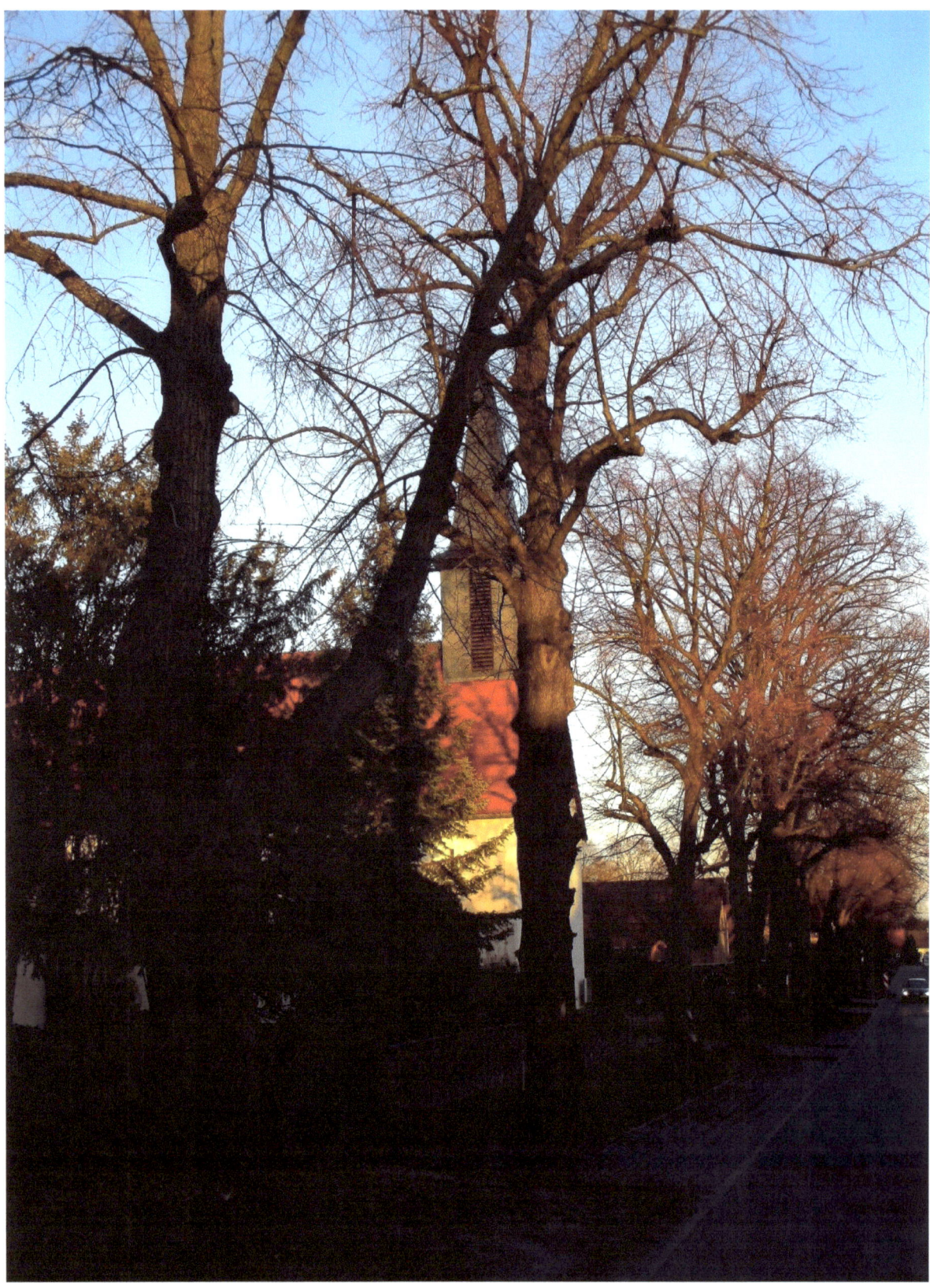

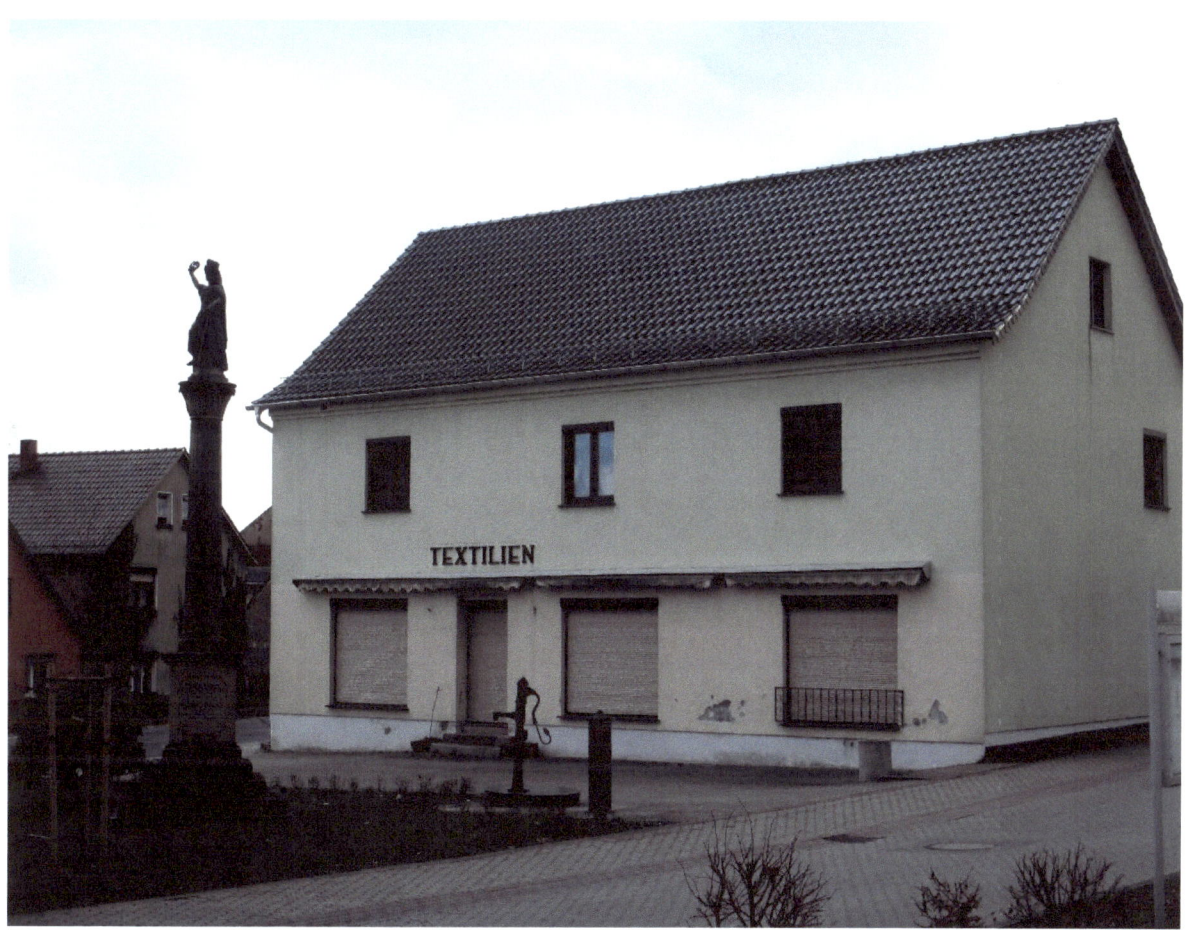

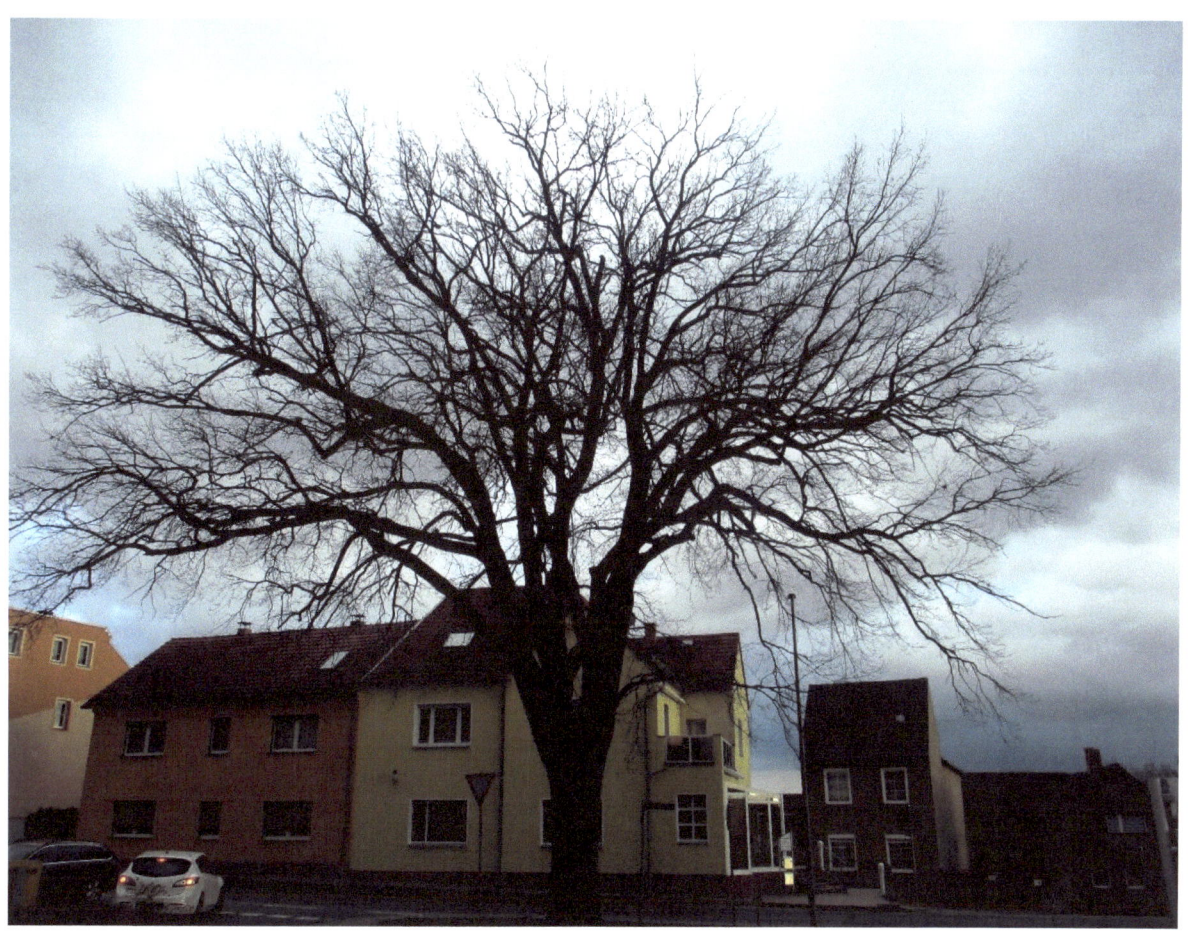

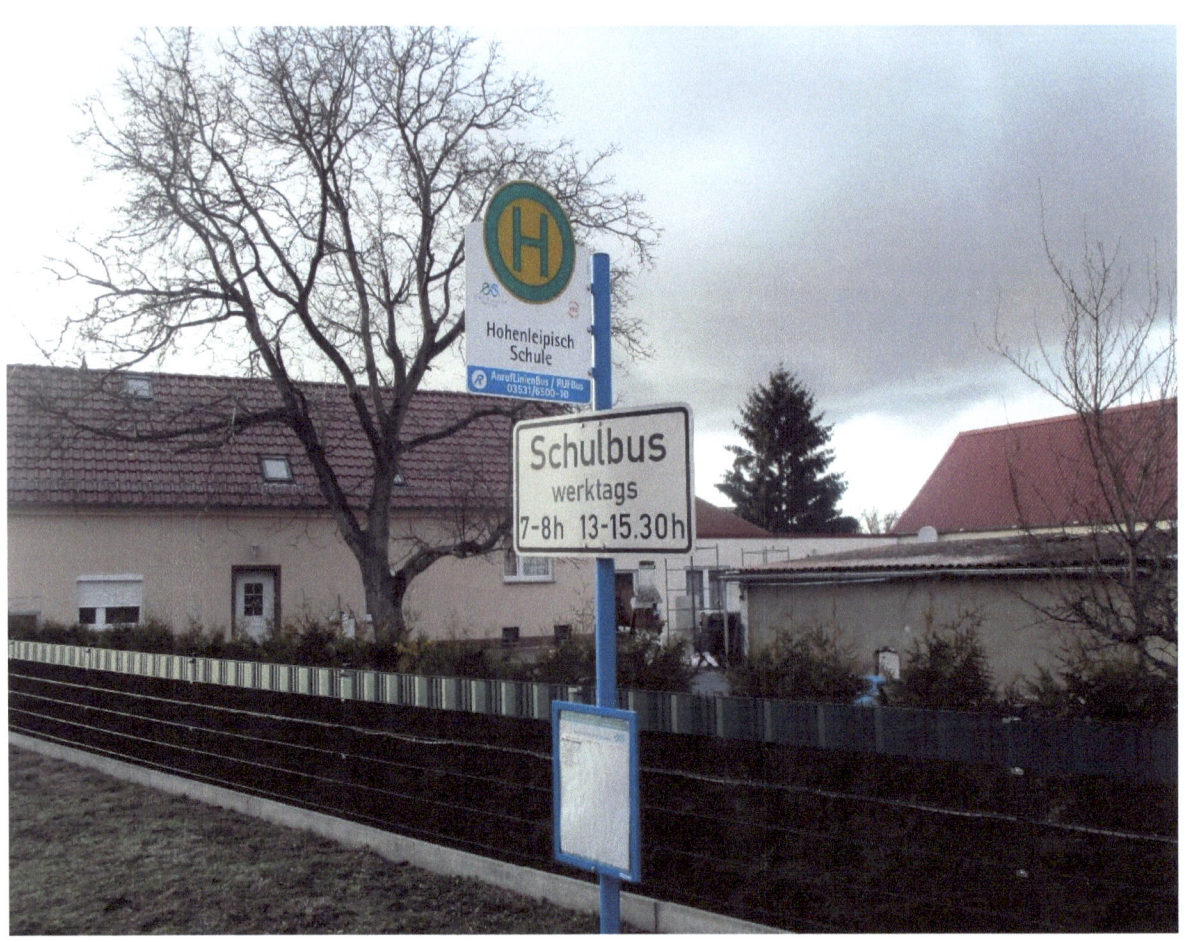

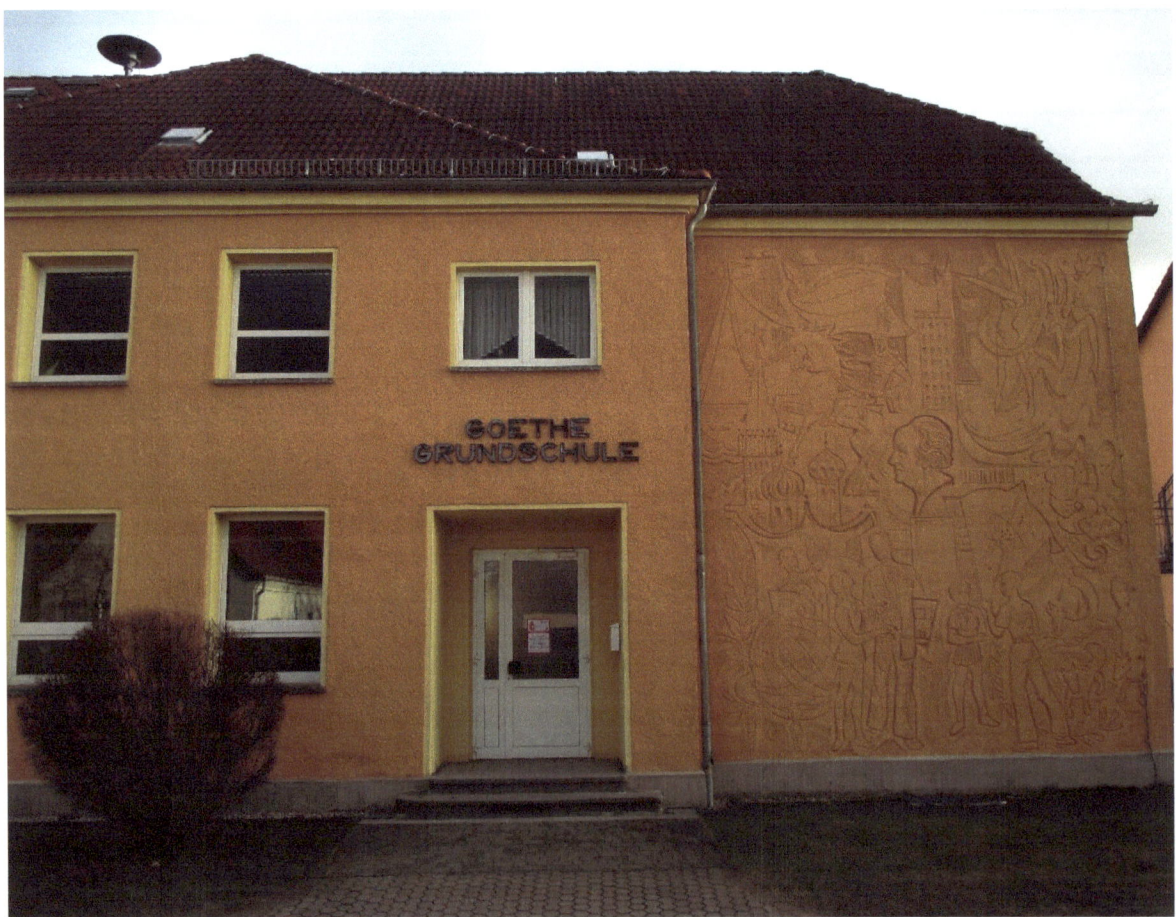

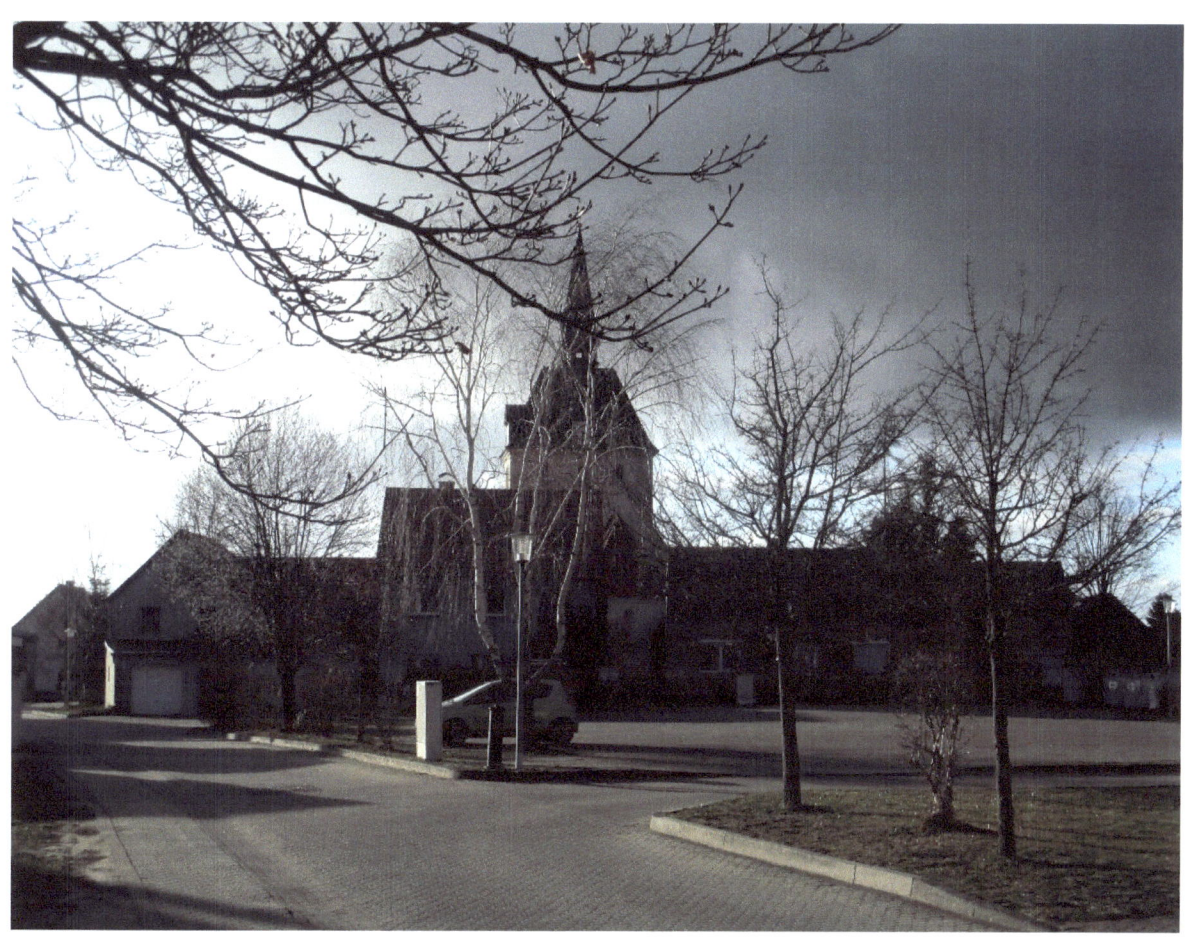

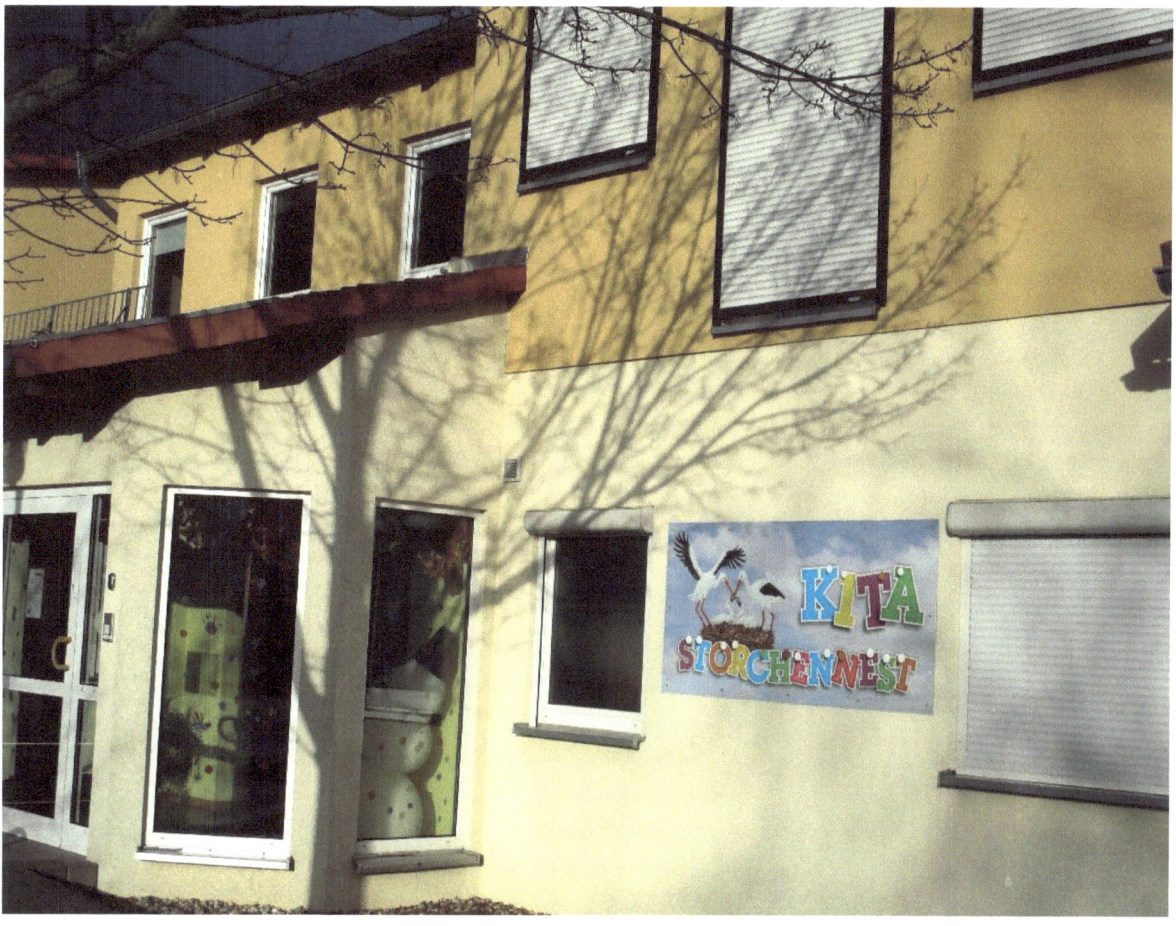

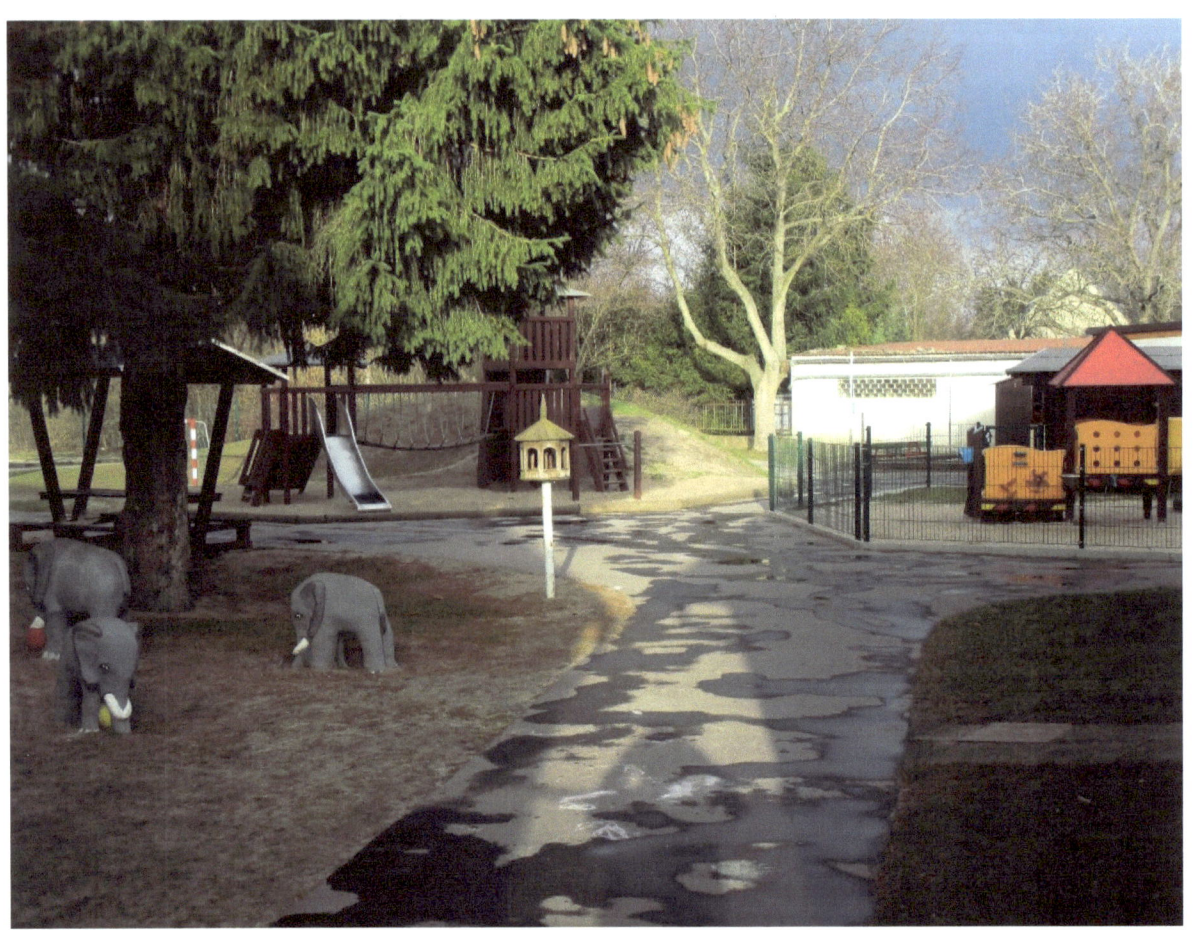

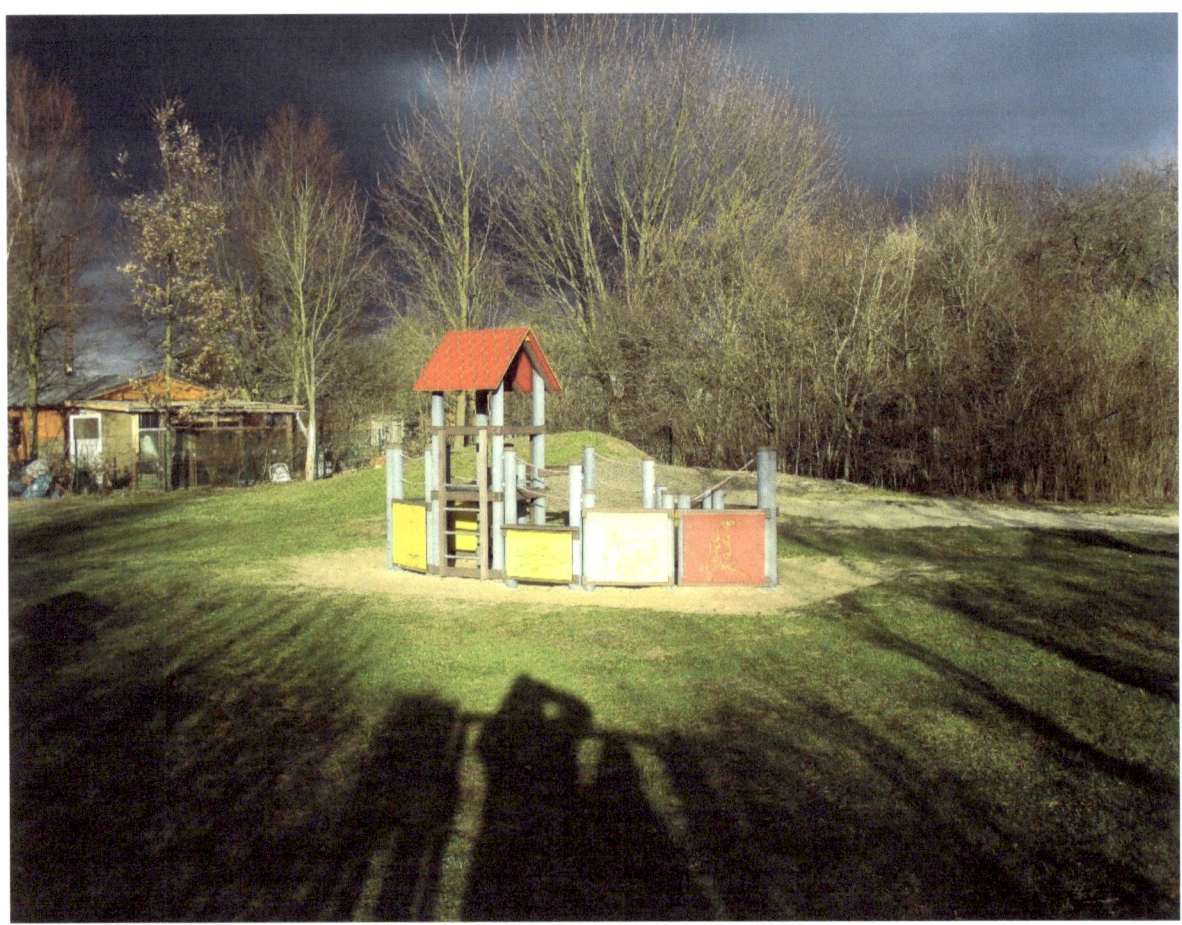

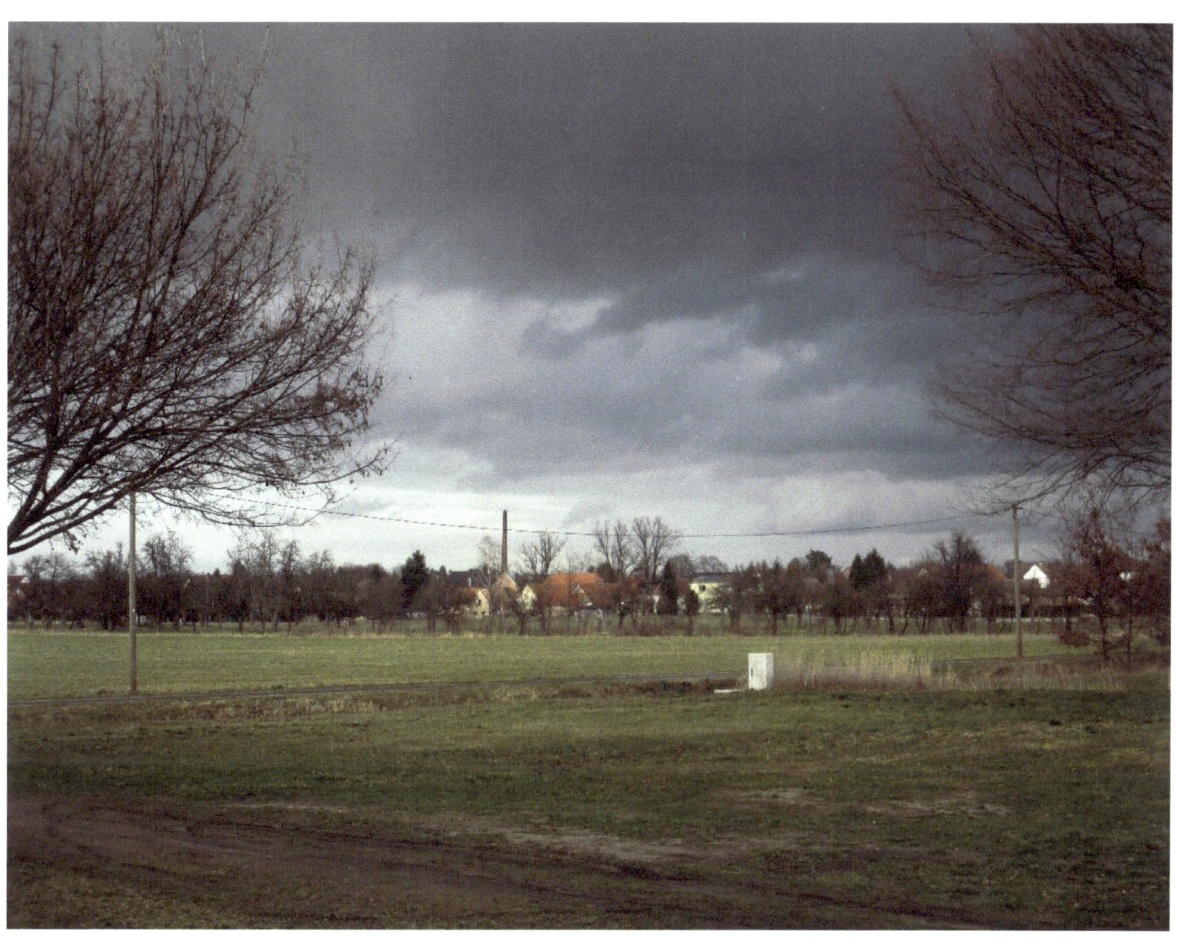

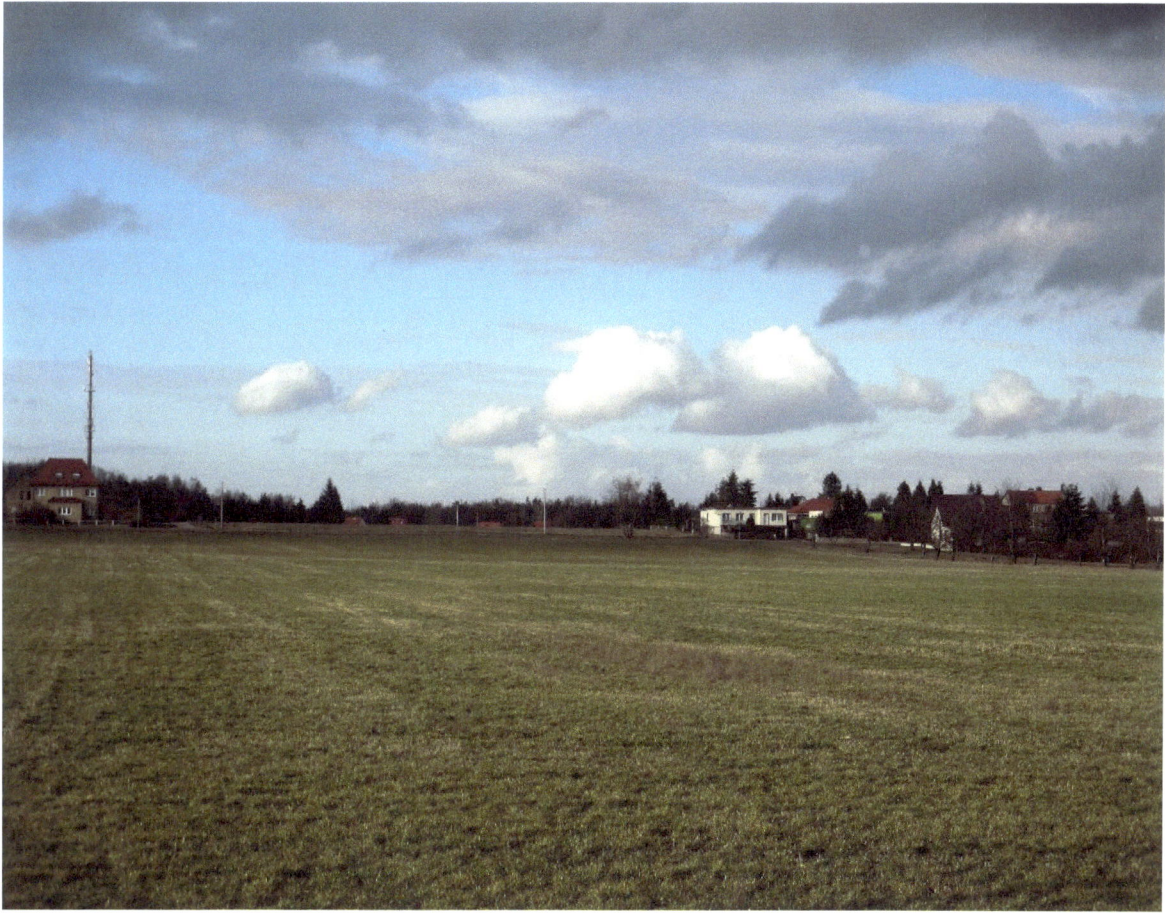

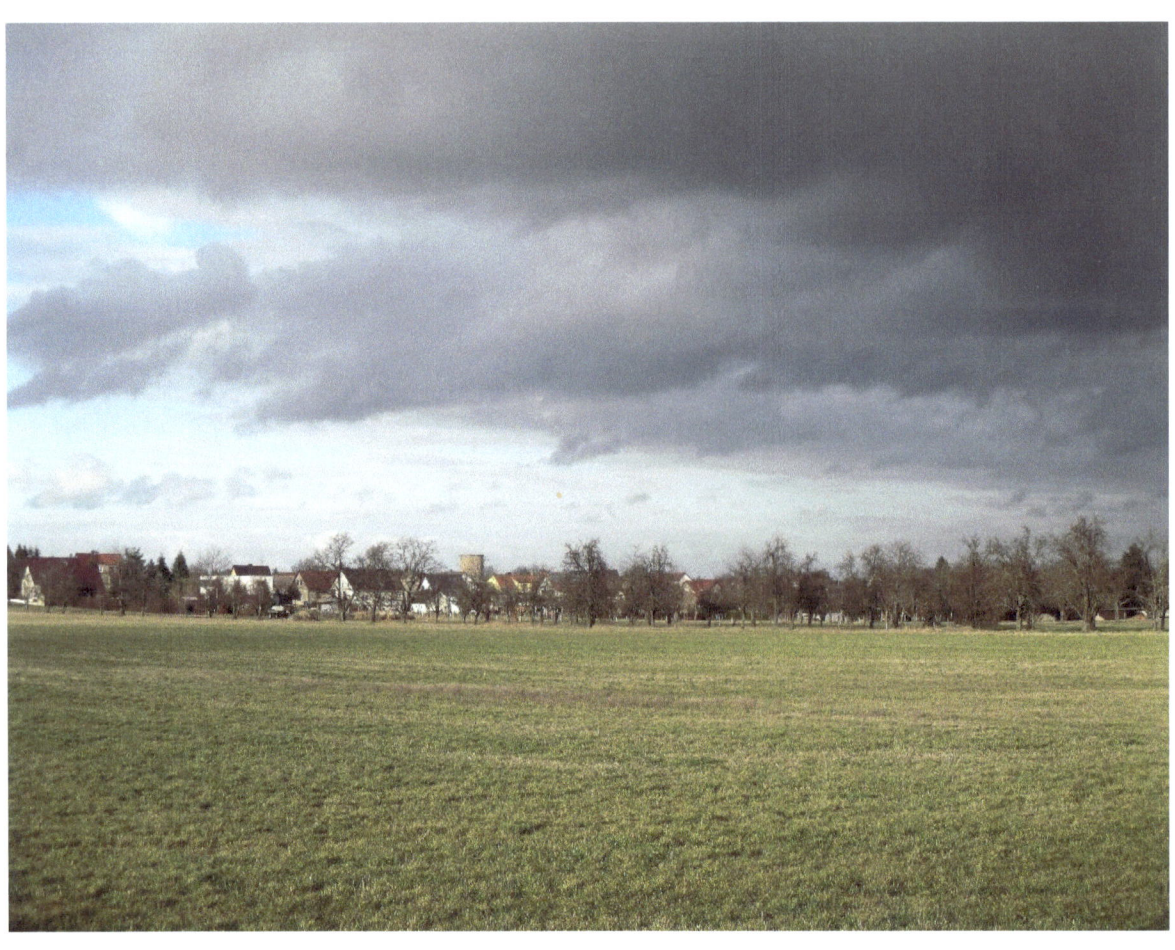

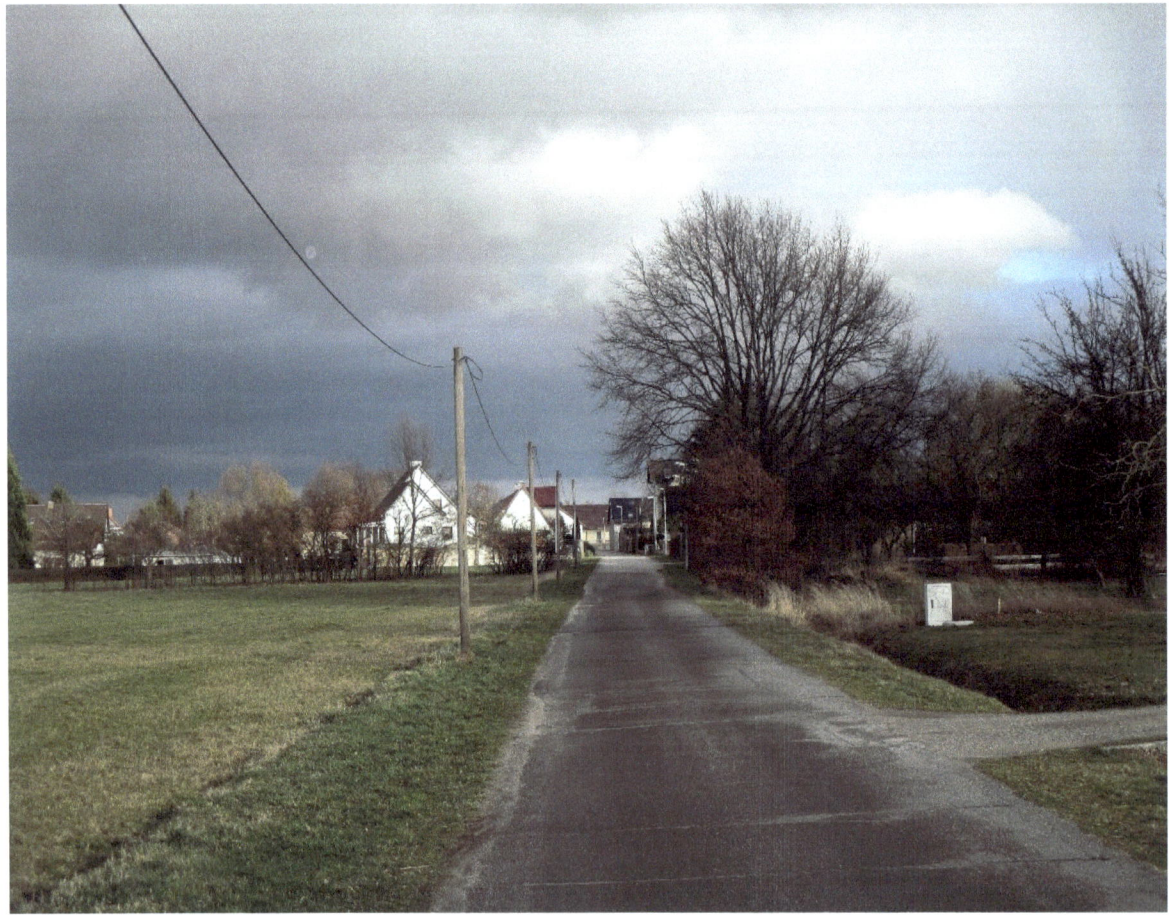

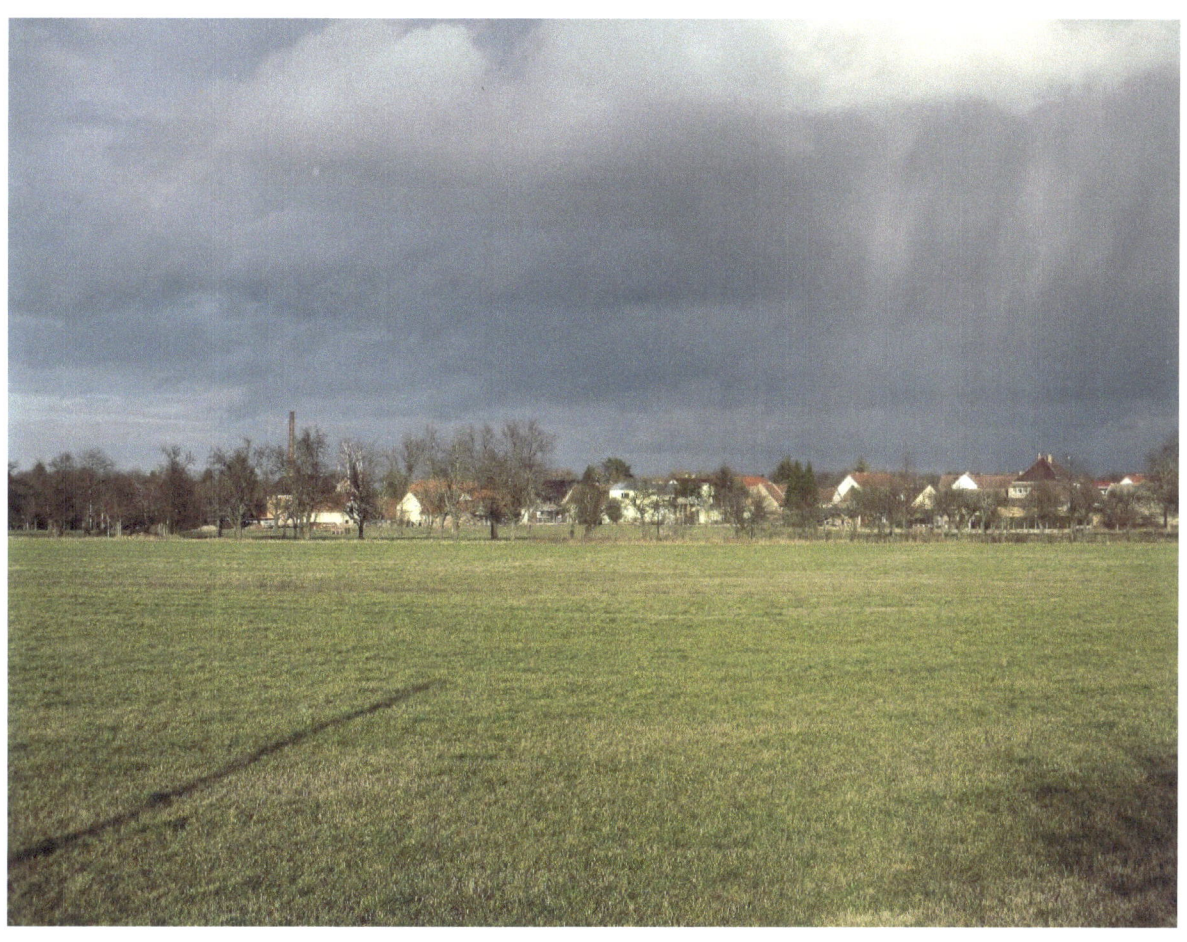

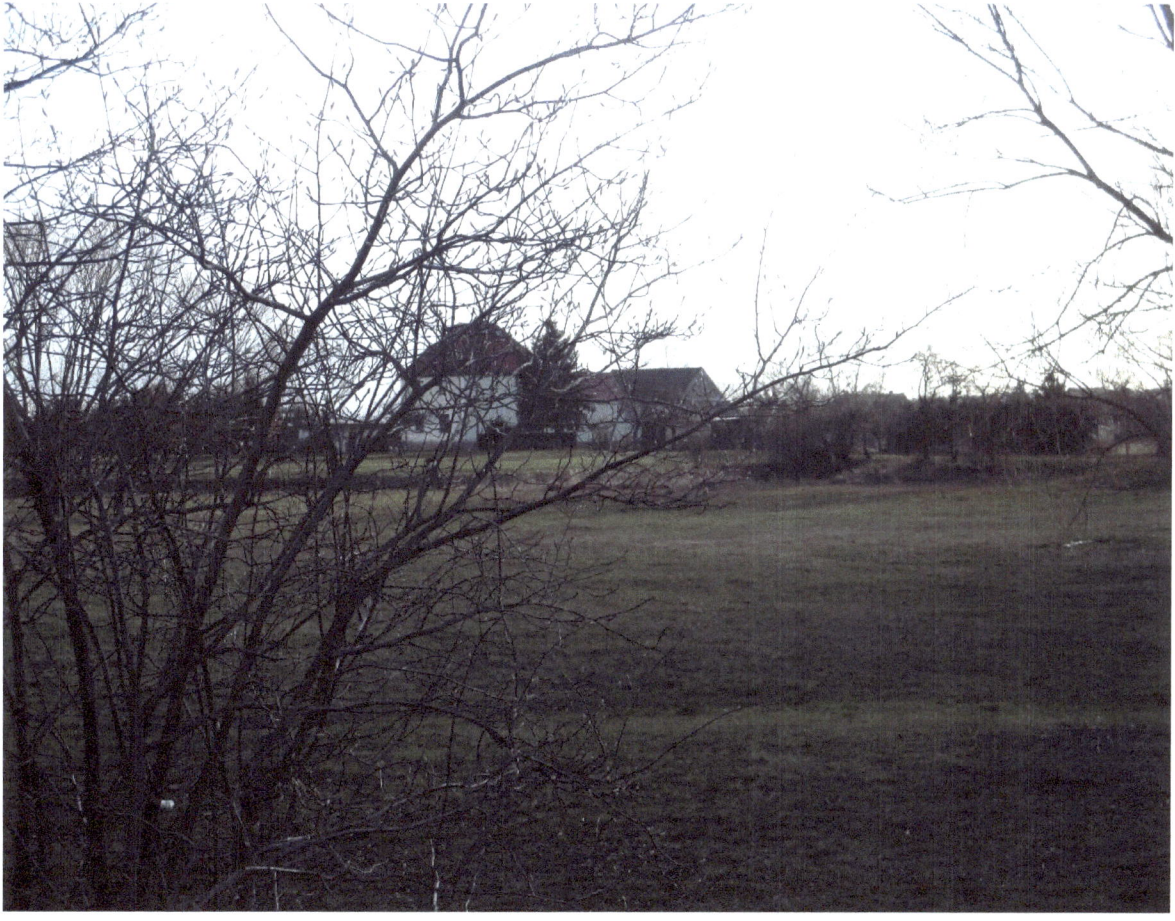

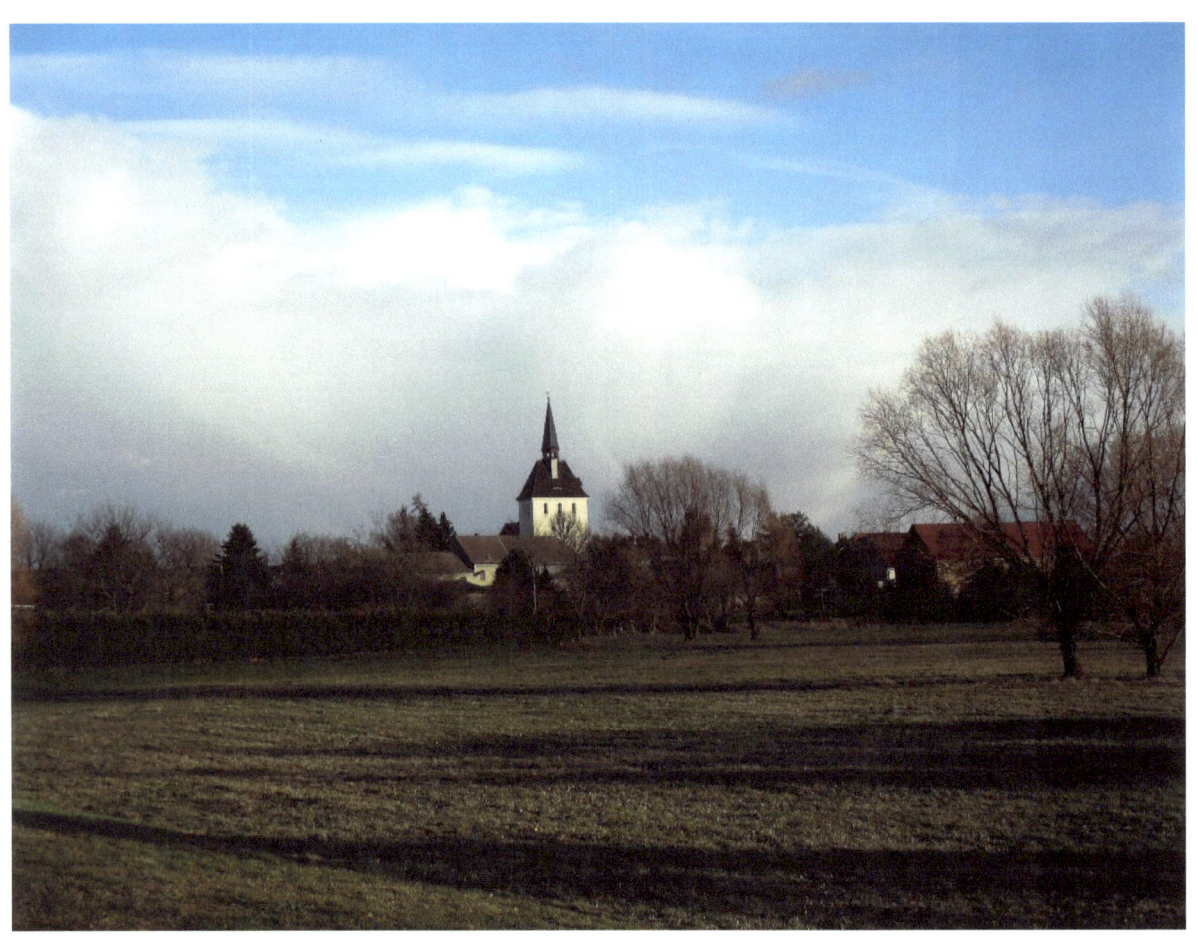

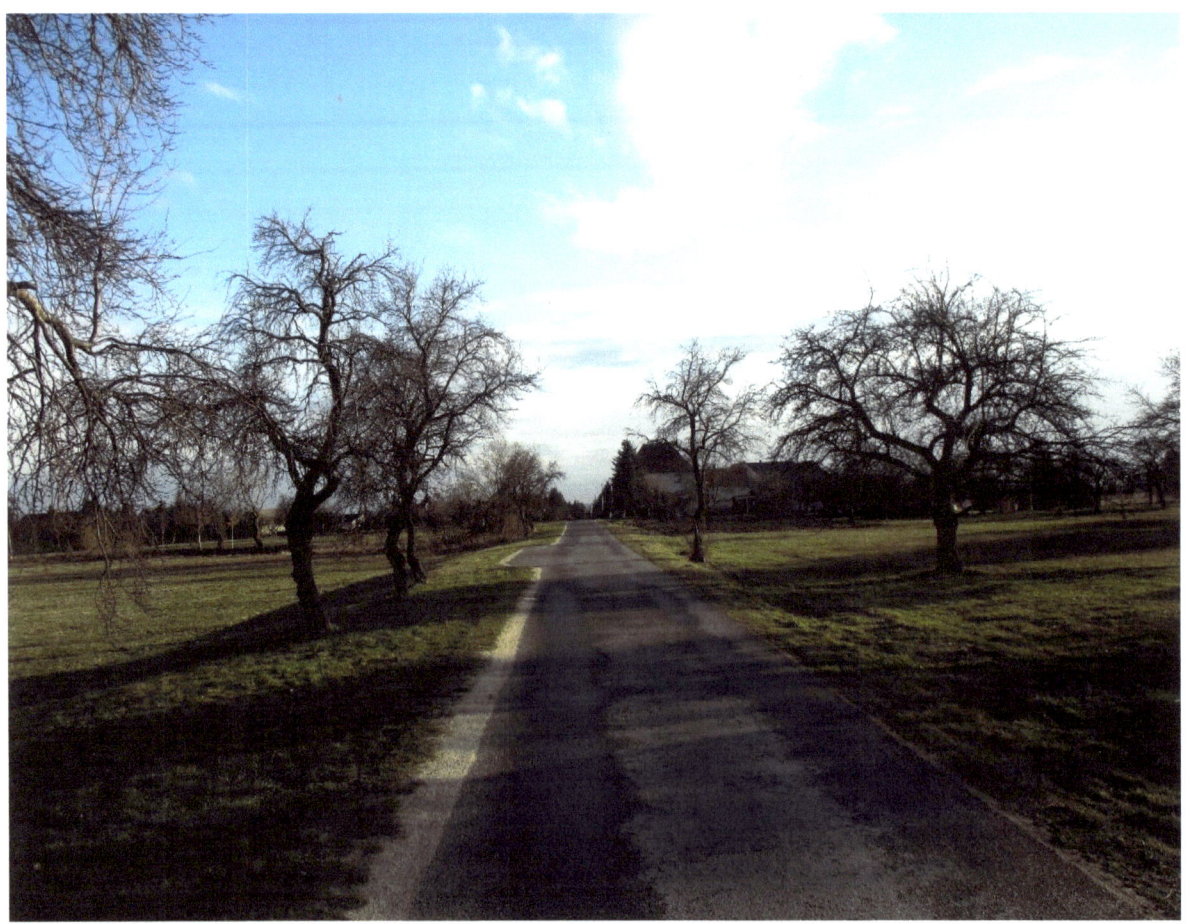

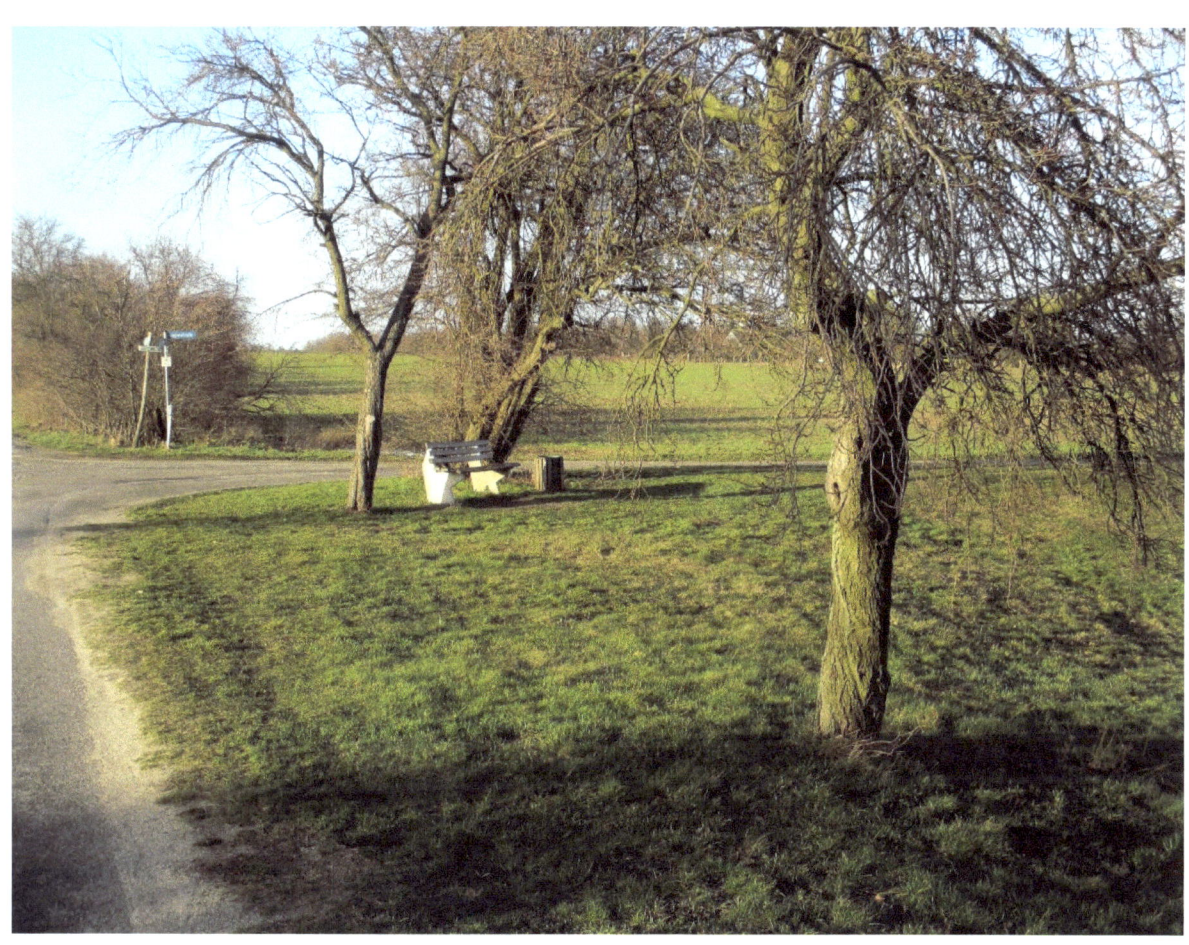

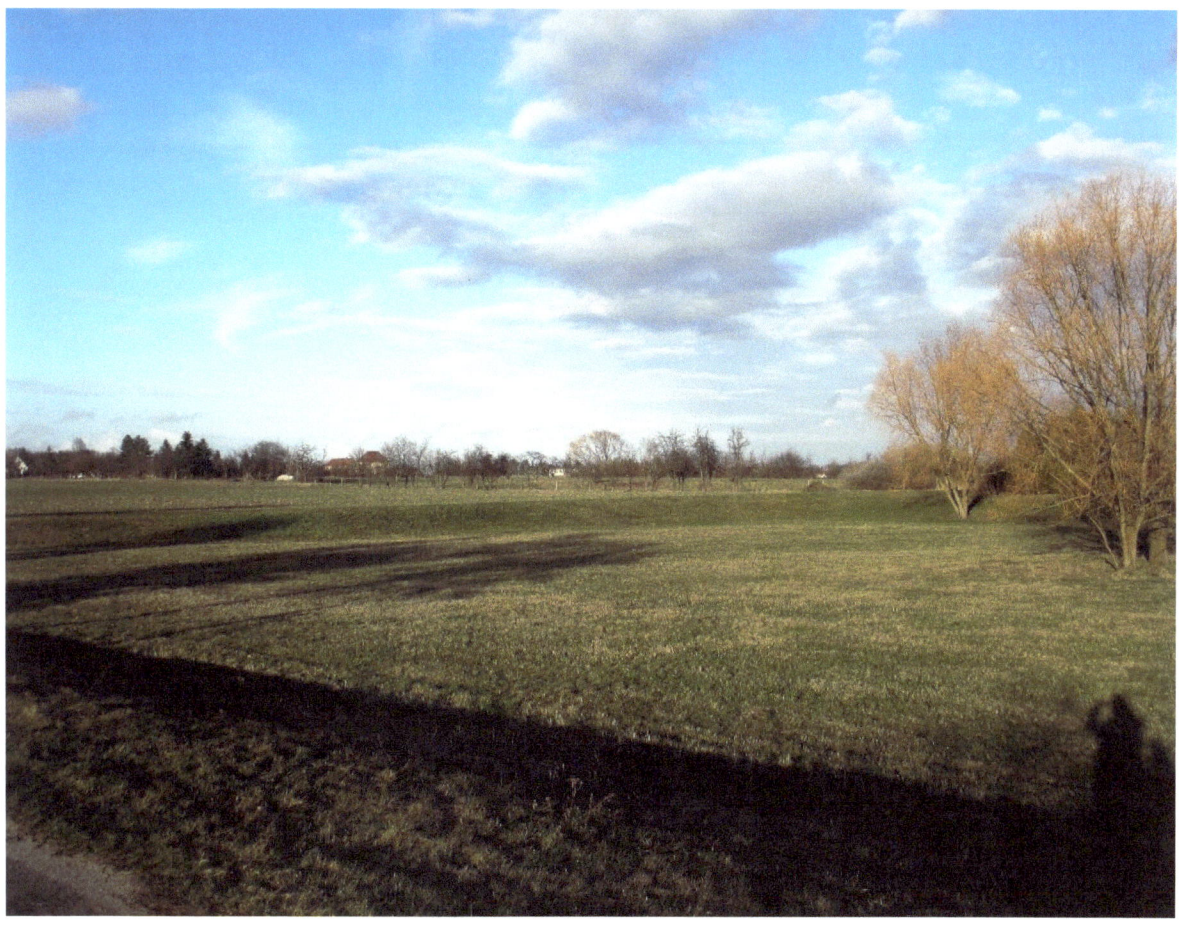

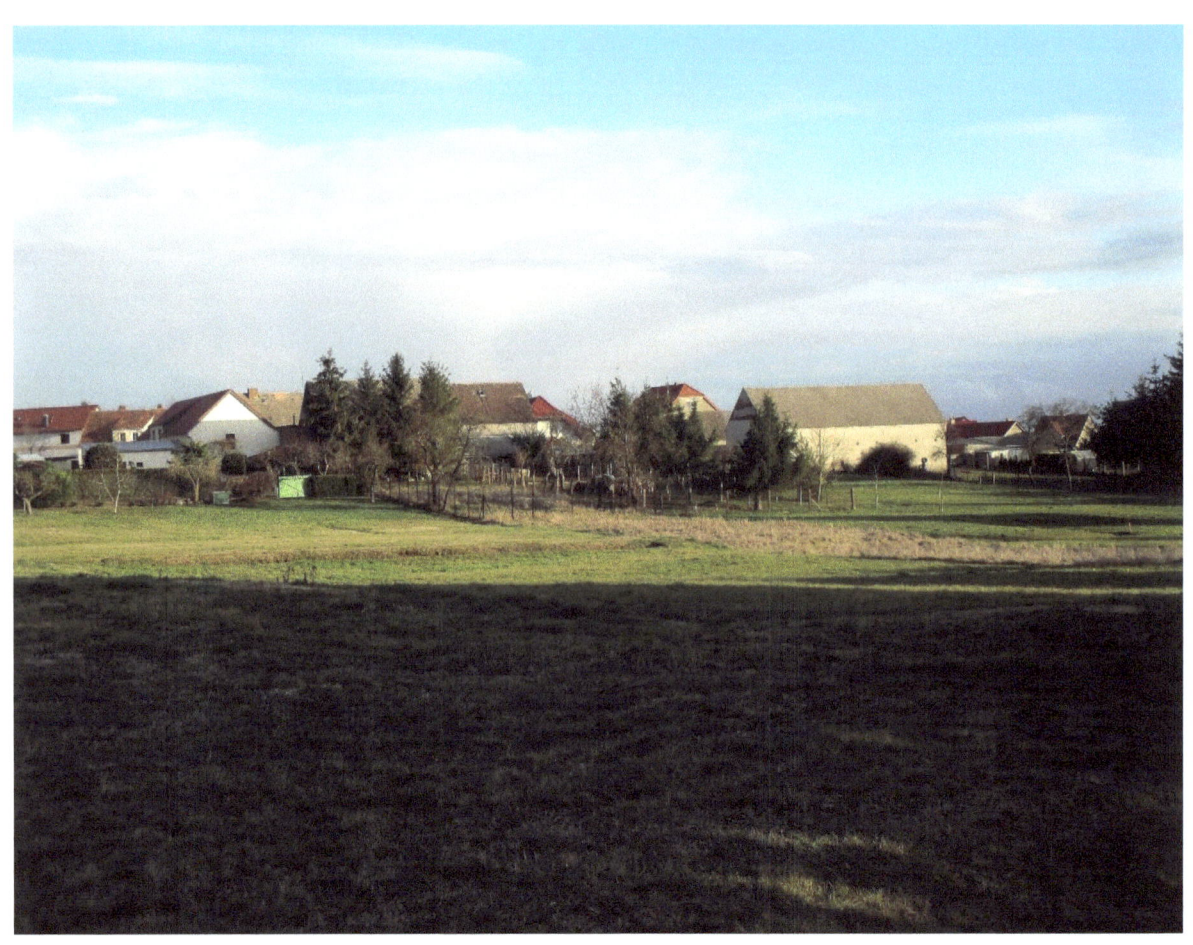

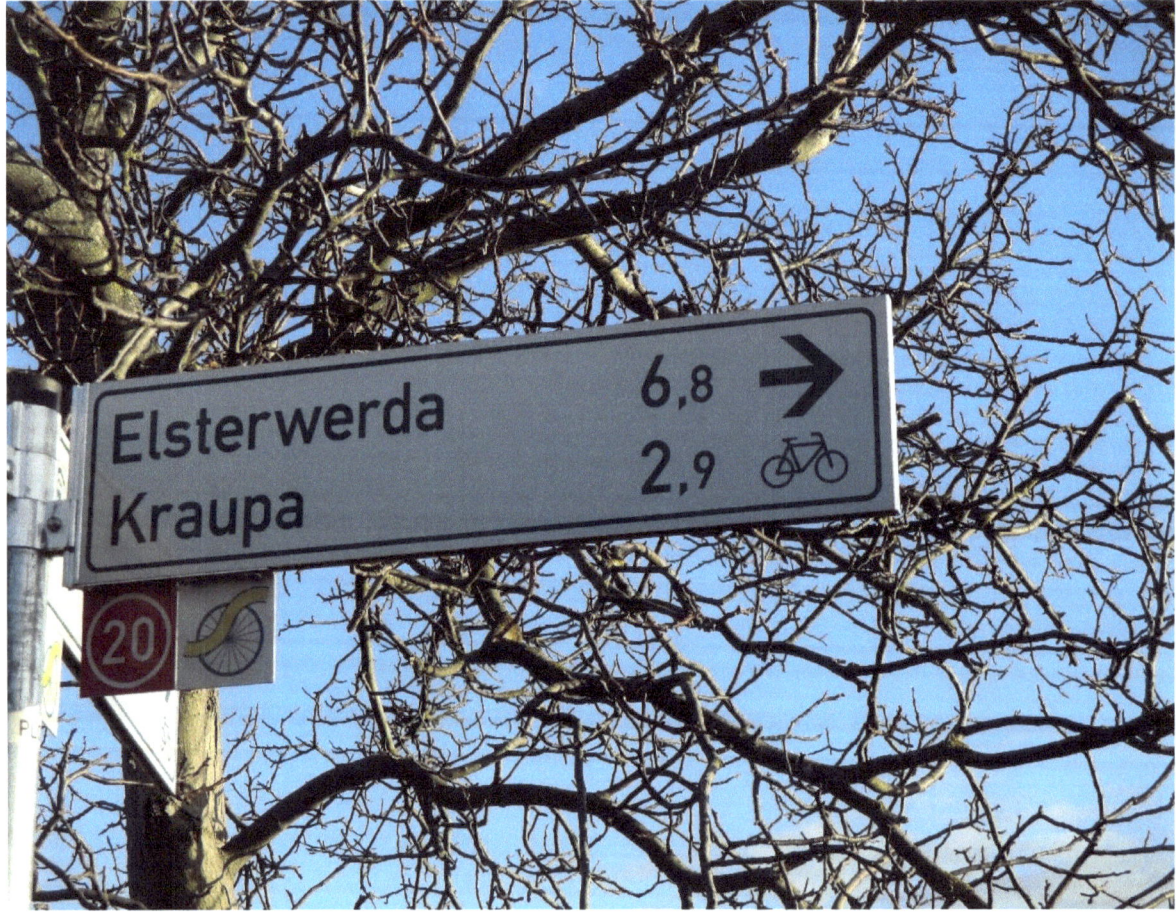

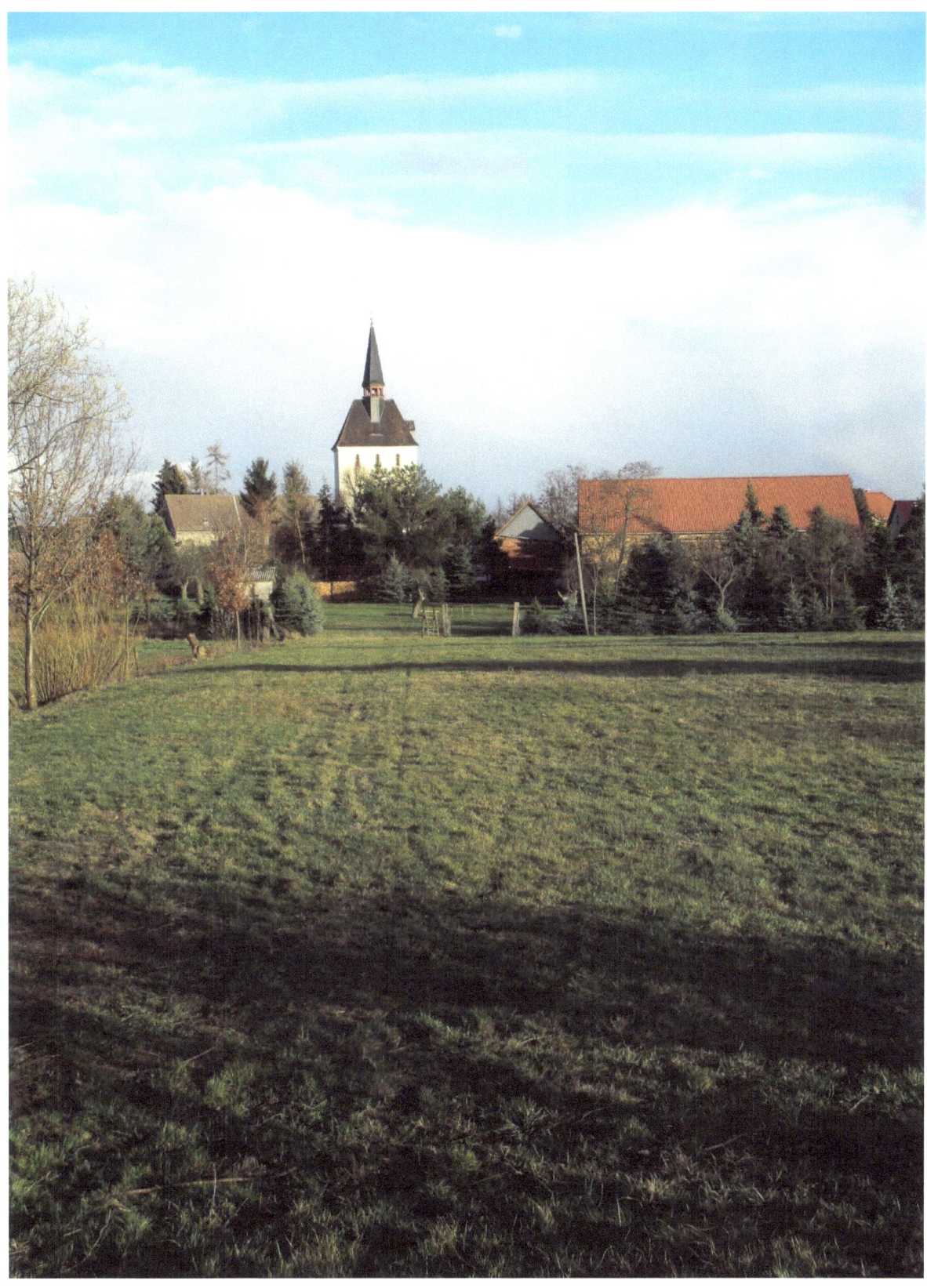

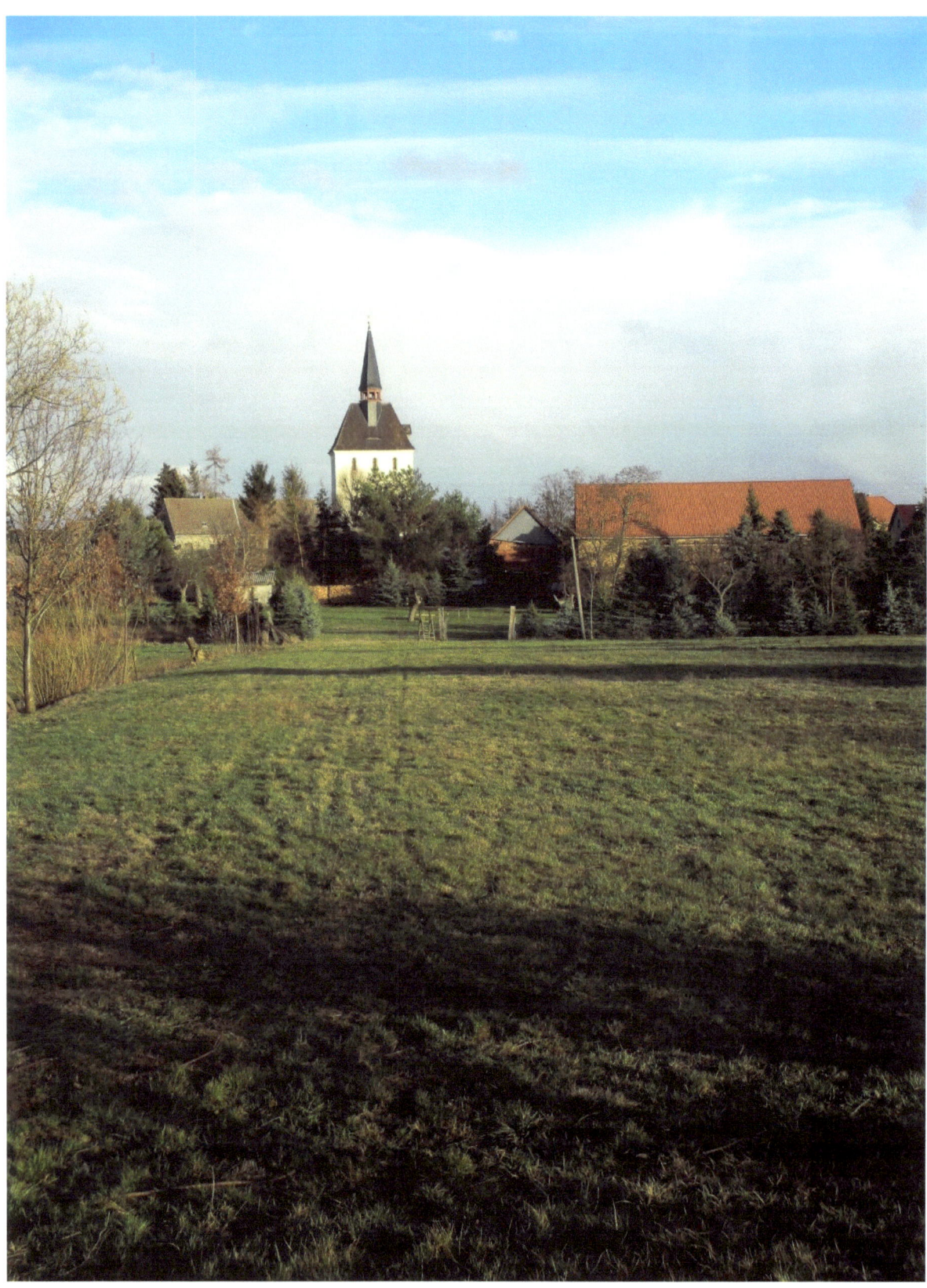

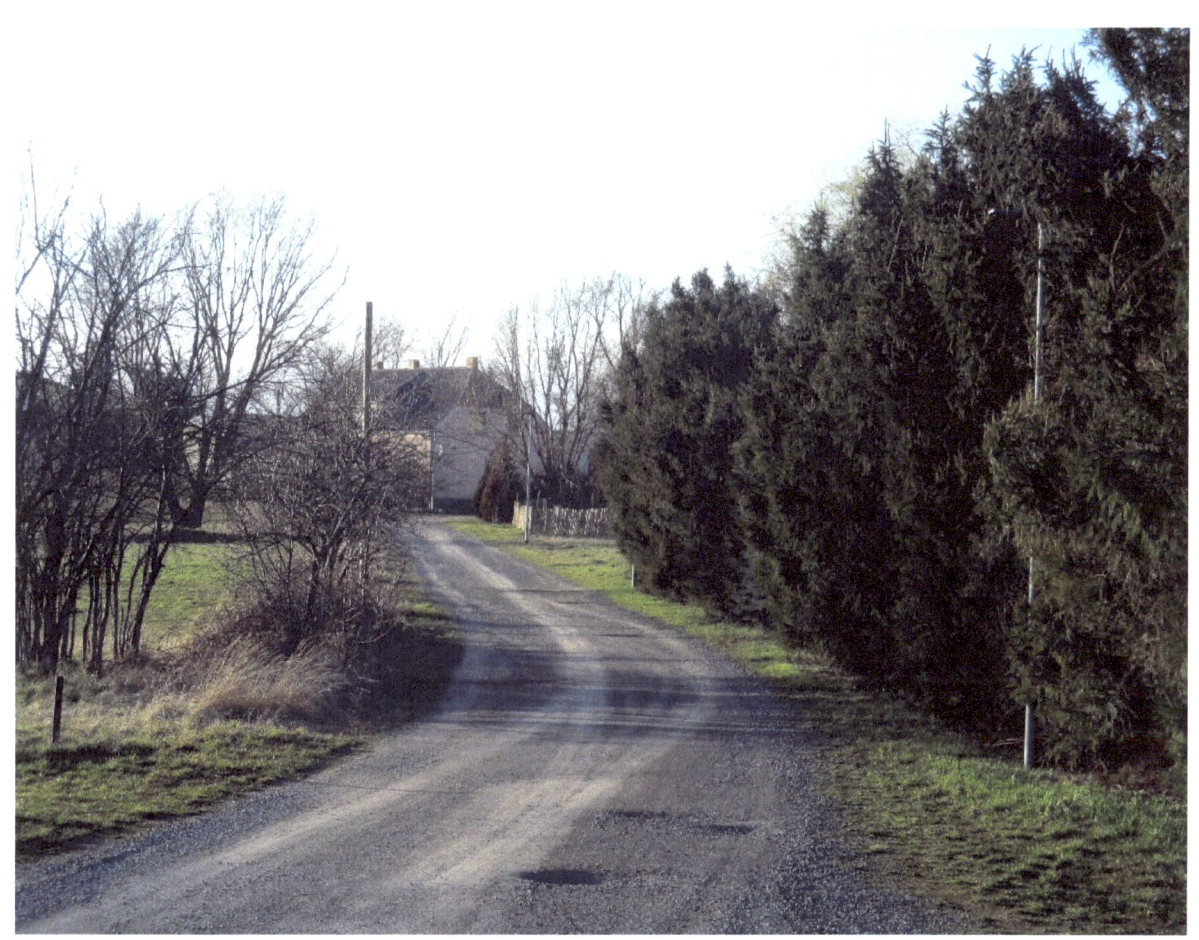

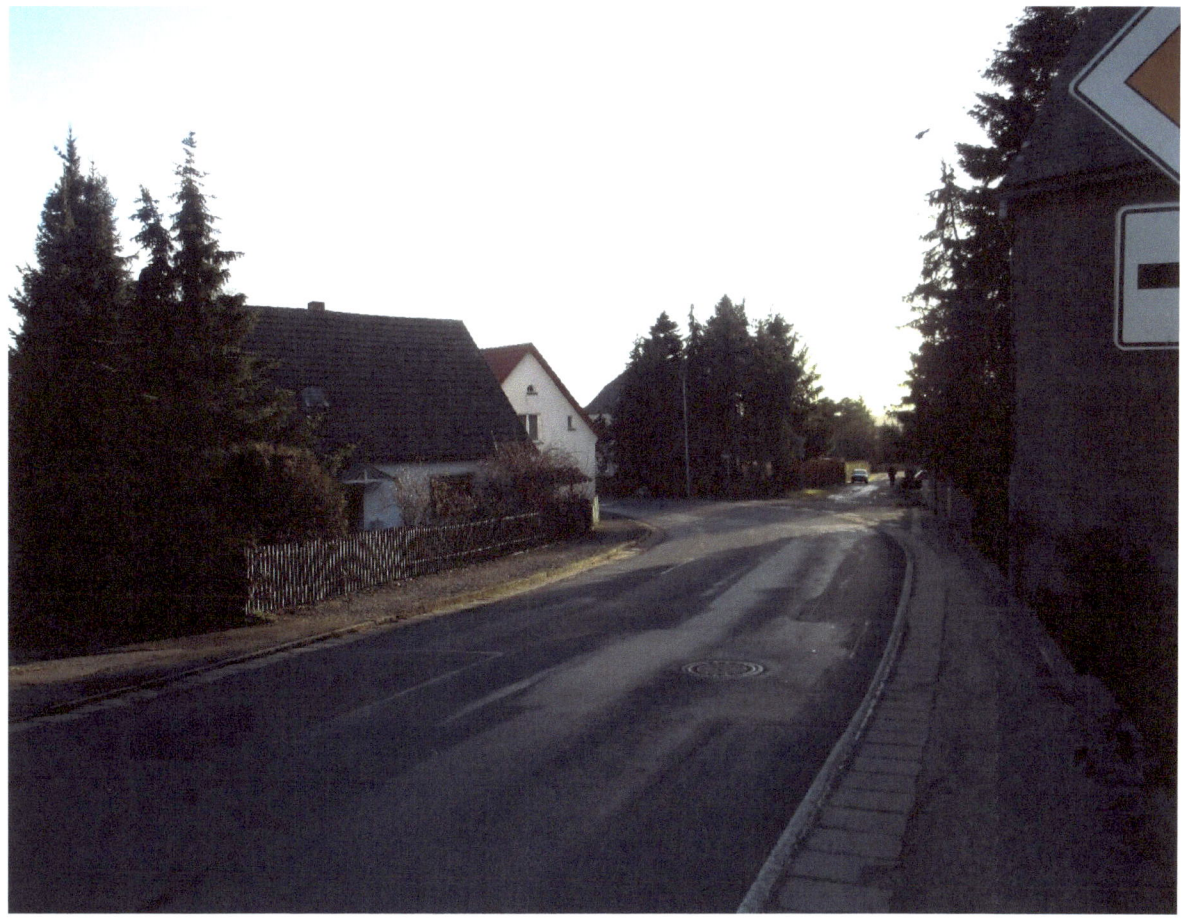

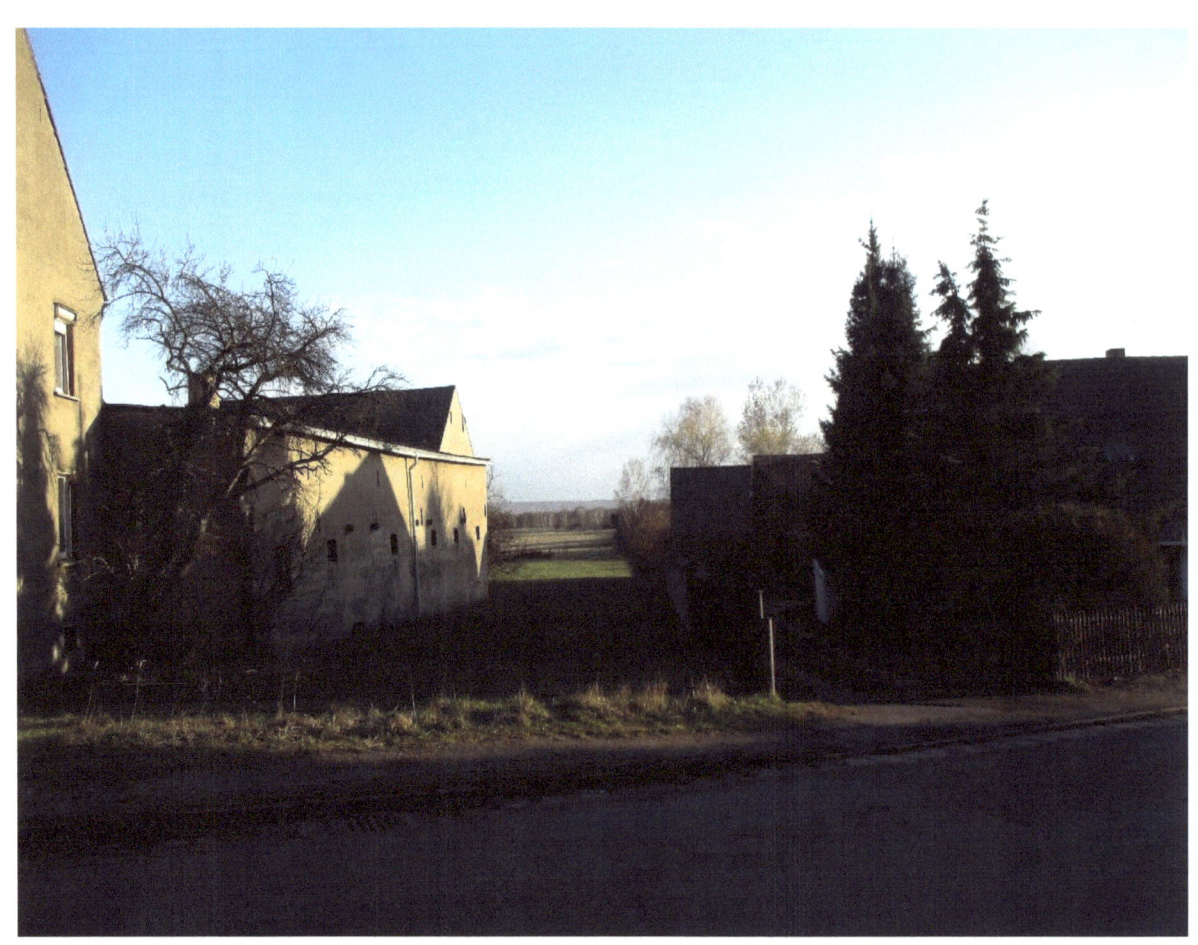

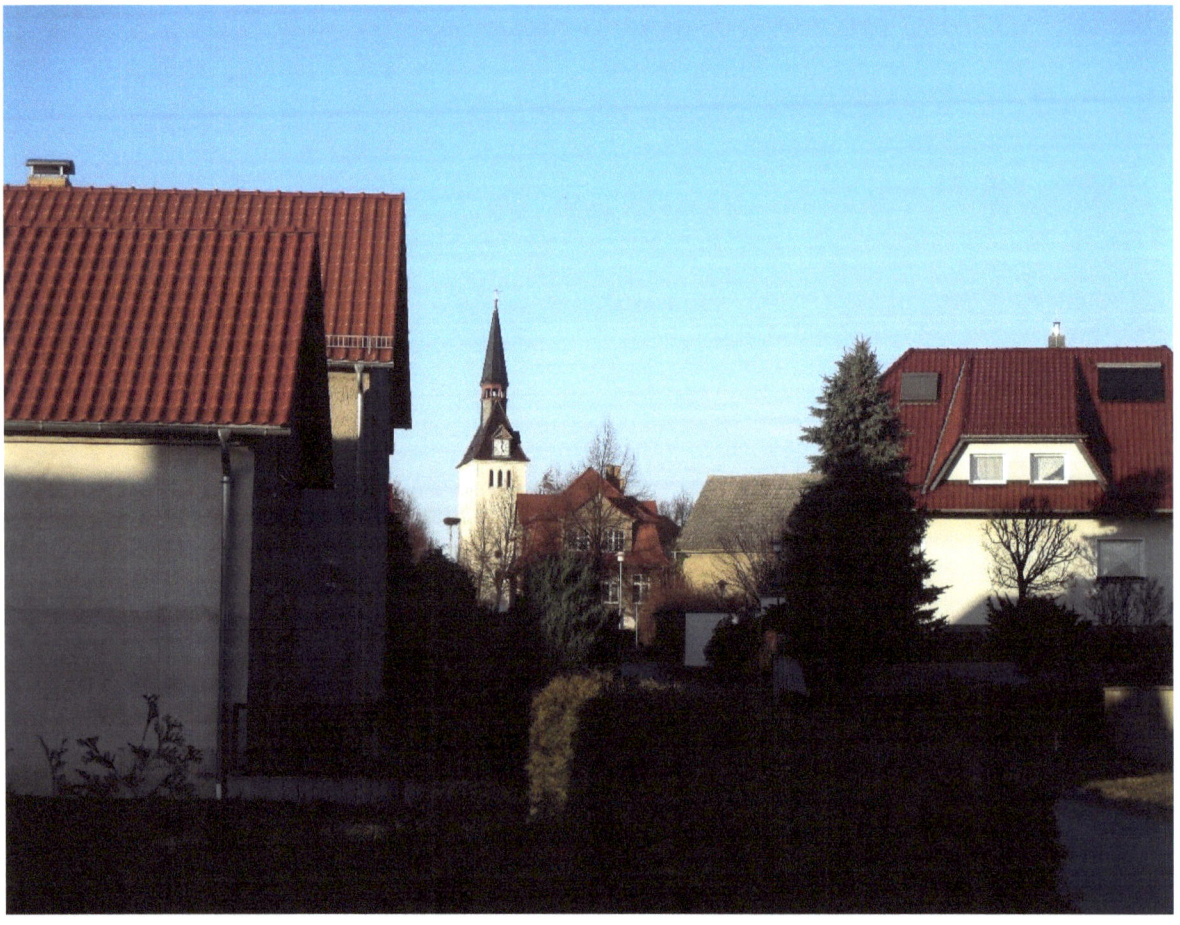

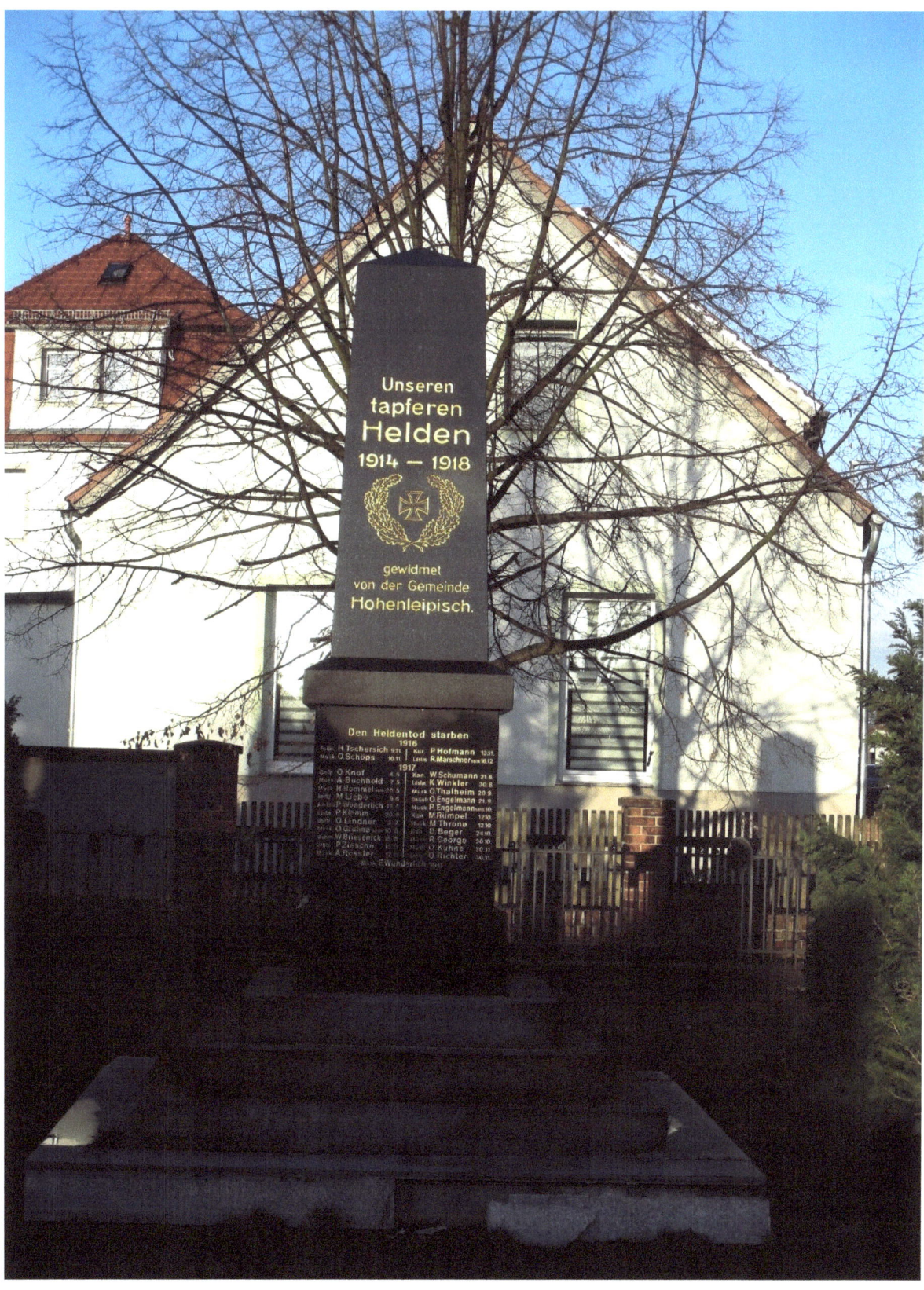

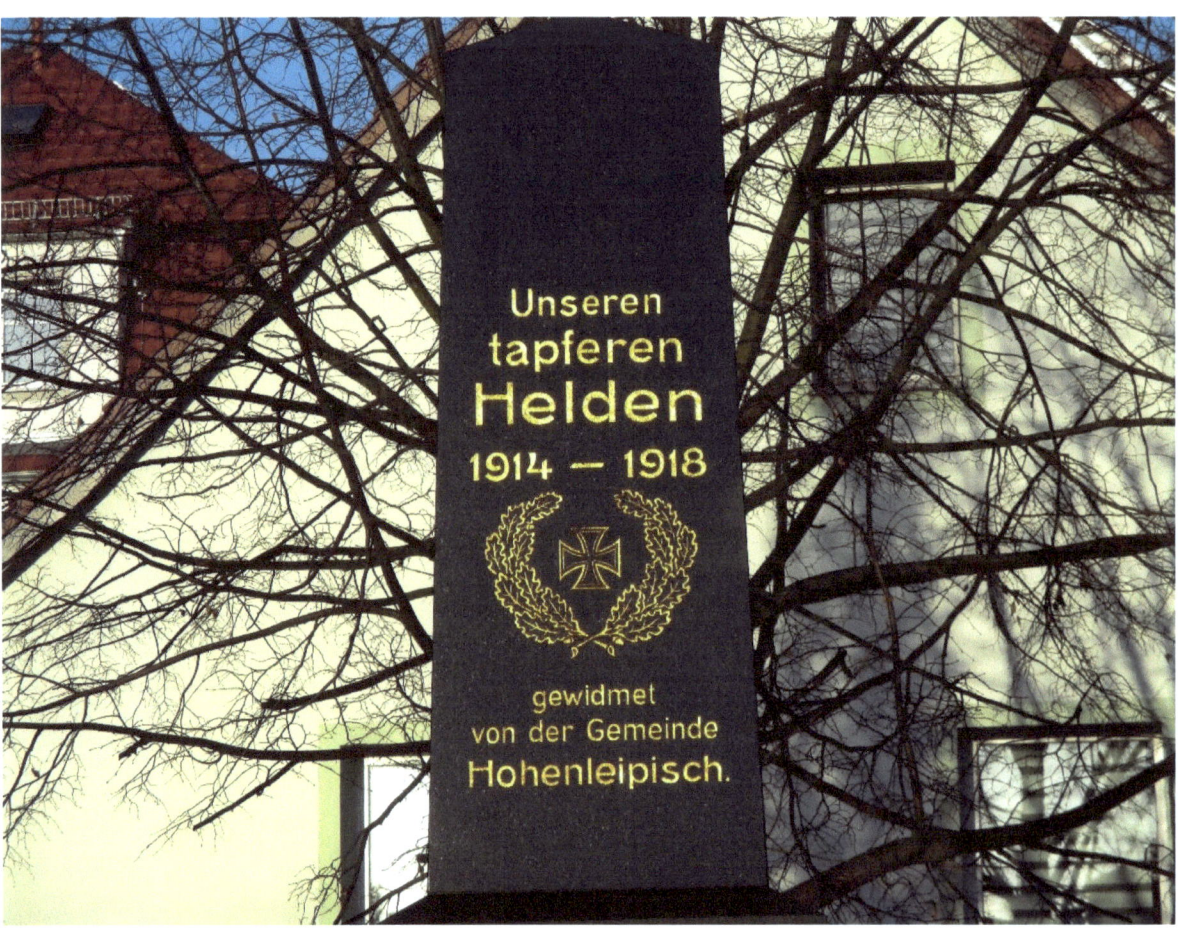

Unseren
tapferen
Helden
1914 — 1918

✠

gewidmet
von der Gemeinde
Hohenleipisch.

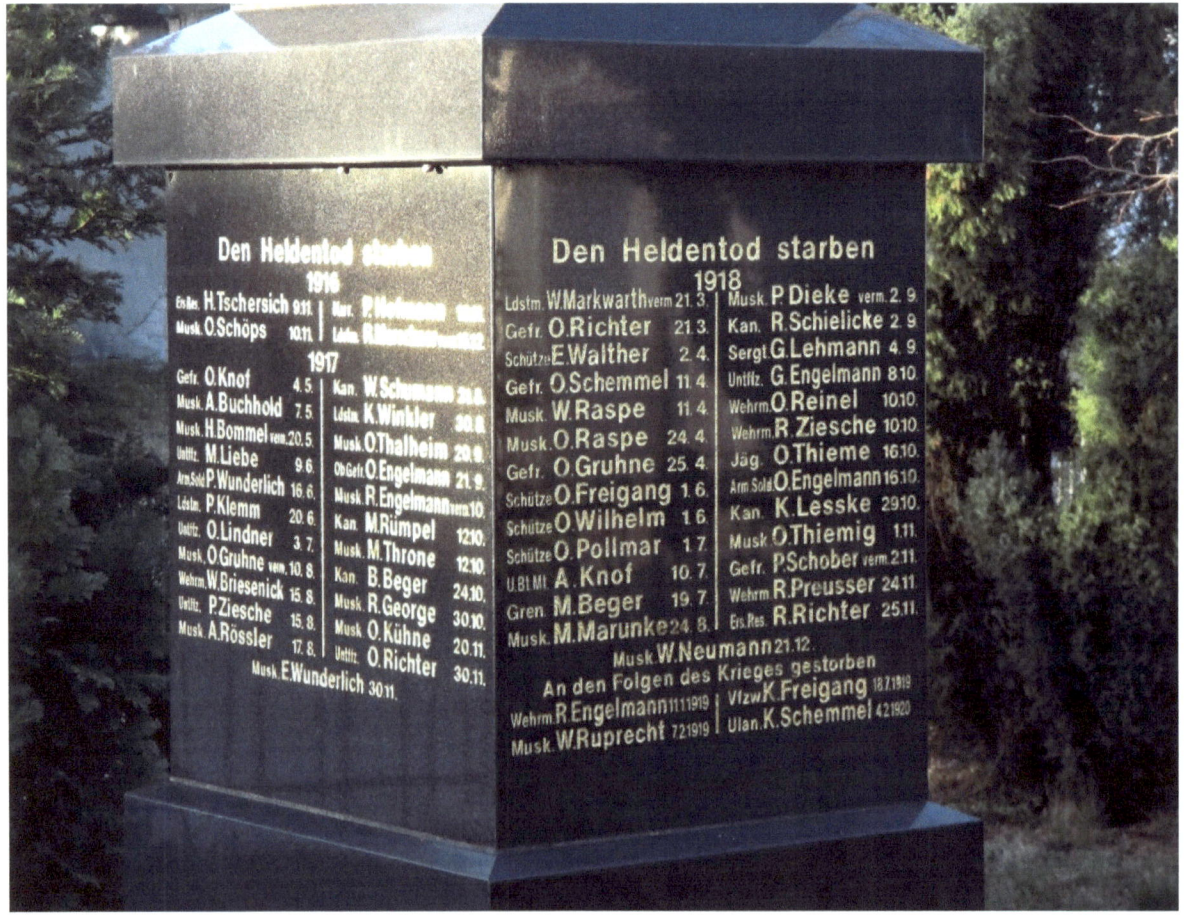

Den Heldentod starben

1916

Ers.Res. H.Tschersich	9.11.	Kan. P.Heilmann	
Musk. O.Schöps	10.11.	Ldm.	

1917

Gefr. O.Knof	4.5.	Kan. W.Schumann	
Musk. A.Buchhold	7.5.	Ldstm. K.Winkler	30.8.
Musk. H.Bommel verm. 20.5.		Musk. O.Thalheim	29.9.
Unffz. M.Liebe	9.6.	Ob.Gefr. O.Engelmann	21.9.
Arm.Sold. P.Wunderlich	16.6.	Musk. R.Engelmann	
Ldstn. P.Klemm	20.6.	Kan. M.Rümpel	12.10.
Unffz. O.Lindner	3.7.	Musk. M.Throne	12.10.
Musk. O.Gruhne verm. 10.8.		Kan. B.Beger	24.10.
Wehrm. W.Briesenick	15.8.	Musk. R.George	30.10.
Unffz. P.Ziesche	15.8.	Musk. O.Kühne	20.11.
Musk. A.Rössler	17.8.	Unffz. O.Richter	30.11.
		Musk. E.Wunderlich	30.11.

Den Heldentod starben

1918

Ldstm. W.Markwarth verm 21.3.		Musk. P.Dieke verm. 2.9.	
Gefr. O.Richter	21.3.	Kan. R.Schielicke	2.9.
Schütze E.Walther	2.4.	Sergt. G.Lehmann	4.9.
Gefr. O.Schemmel	11.4.	Unffz. G.Engelmann	8.10.
Musk. W.Raspe	11.4.	Wehrm. O.Reinel	10.10.
Musk. O.Raspe	24.4.	Wehrm. R.Ziesche	10.10.
Gefr. O.Gruhne	25.4.	Jäg. O.Thieme	16.10.
Schütze O.Freigang	1.6.	Arm.Sold. O.Engelmann	16.10.
Schütze O.Wilhelm	1.6.	Kan. K.Lesske	29.10.
Schütze O.Pollmar	1.7.	Musk. O.Thiemig	1.11.
U.Bi.Mt. A.Knof	10.7.	Gefr. P.Schober verm. 2.11.	
Gren. M.Beger	19.7.	Wehrm. R.Preusser	24.11.
Musk. M.Marunke	24.8.	Ers.Res. R.Richter	25.11.

Musk. W.Neumann 21.12.

An den Folgen des Krieges gestorben

Wehrm. R.Engelmann 11.1.1919		Vfzw. K.Freigang 18.7.1919	
Musk. W.Ruprecht 7.2.1919		Ulan. K.Schemmel 4.2.1920	

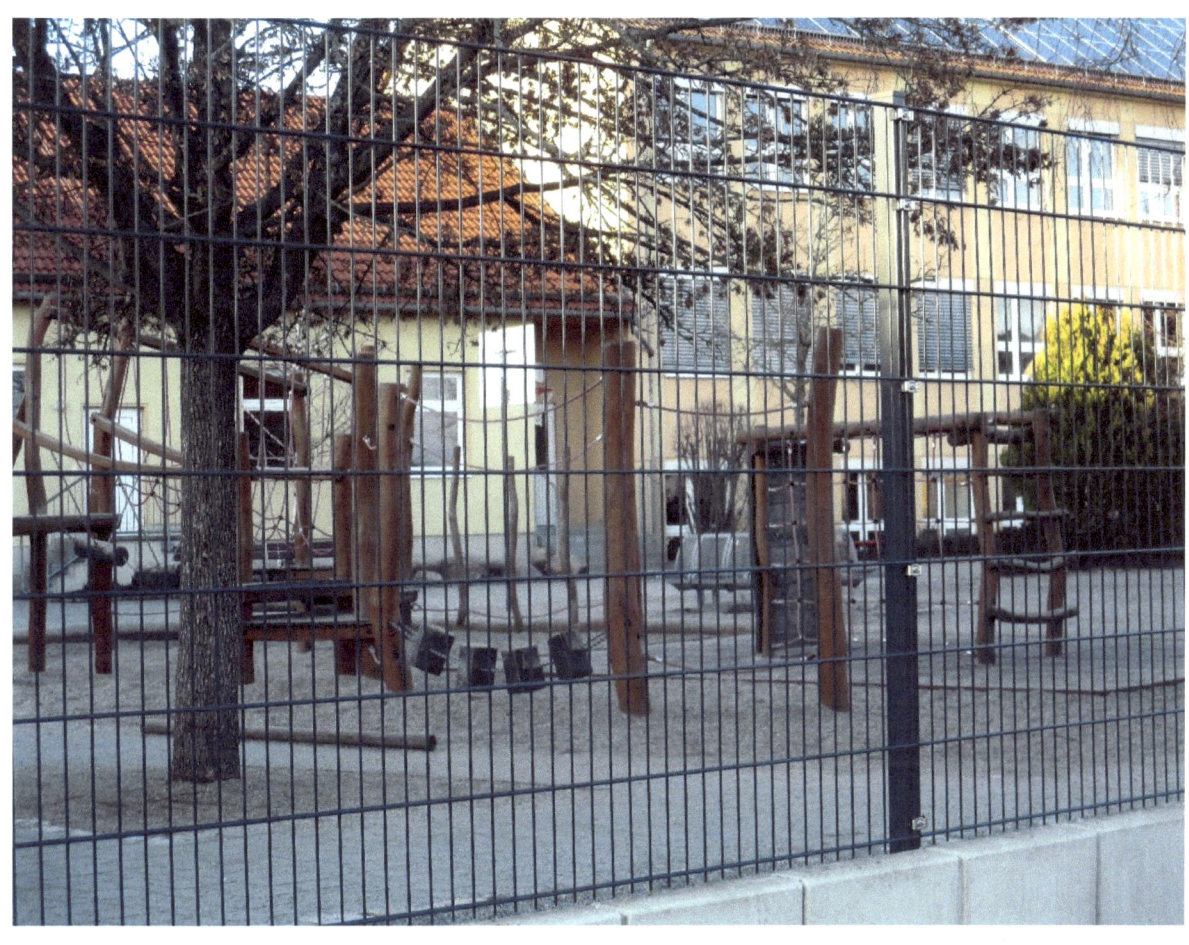

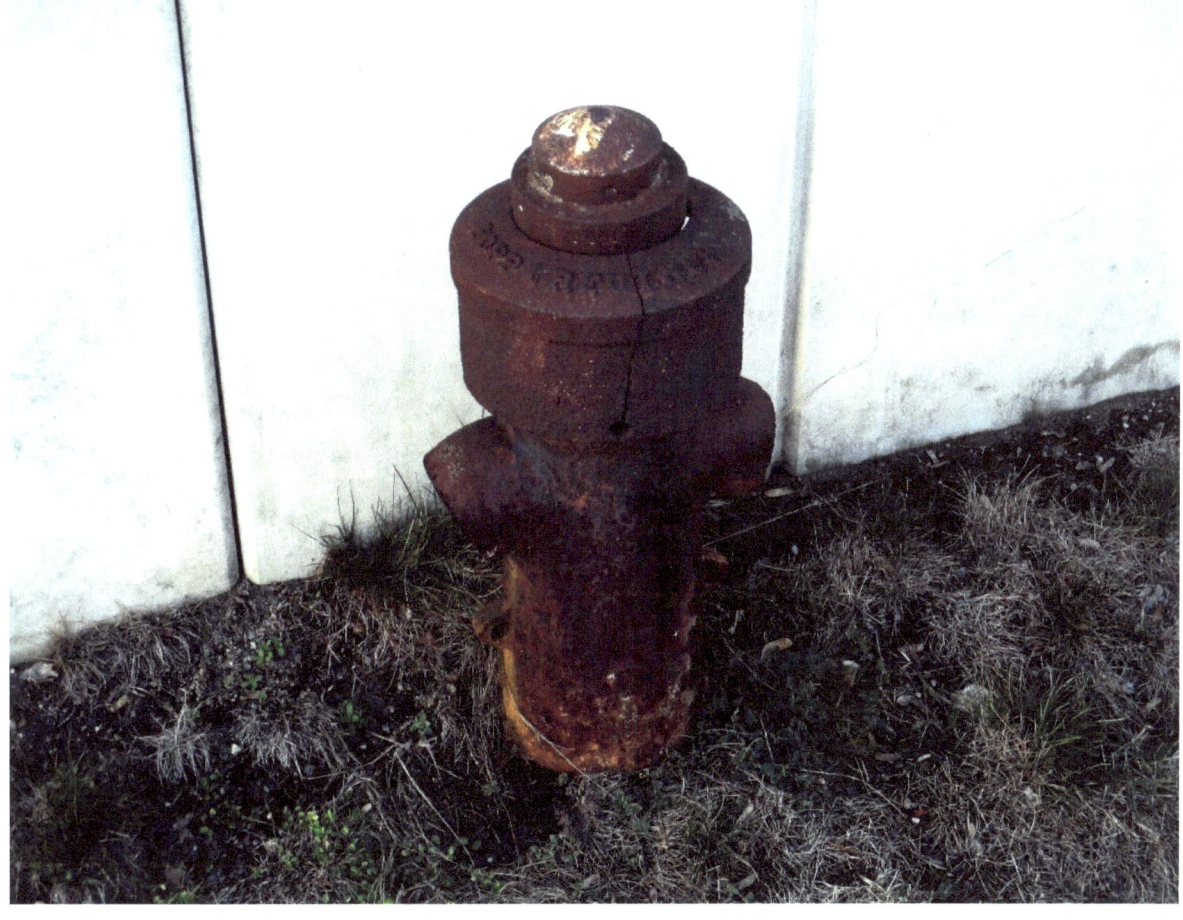

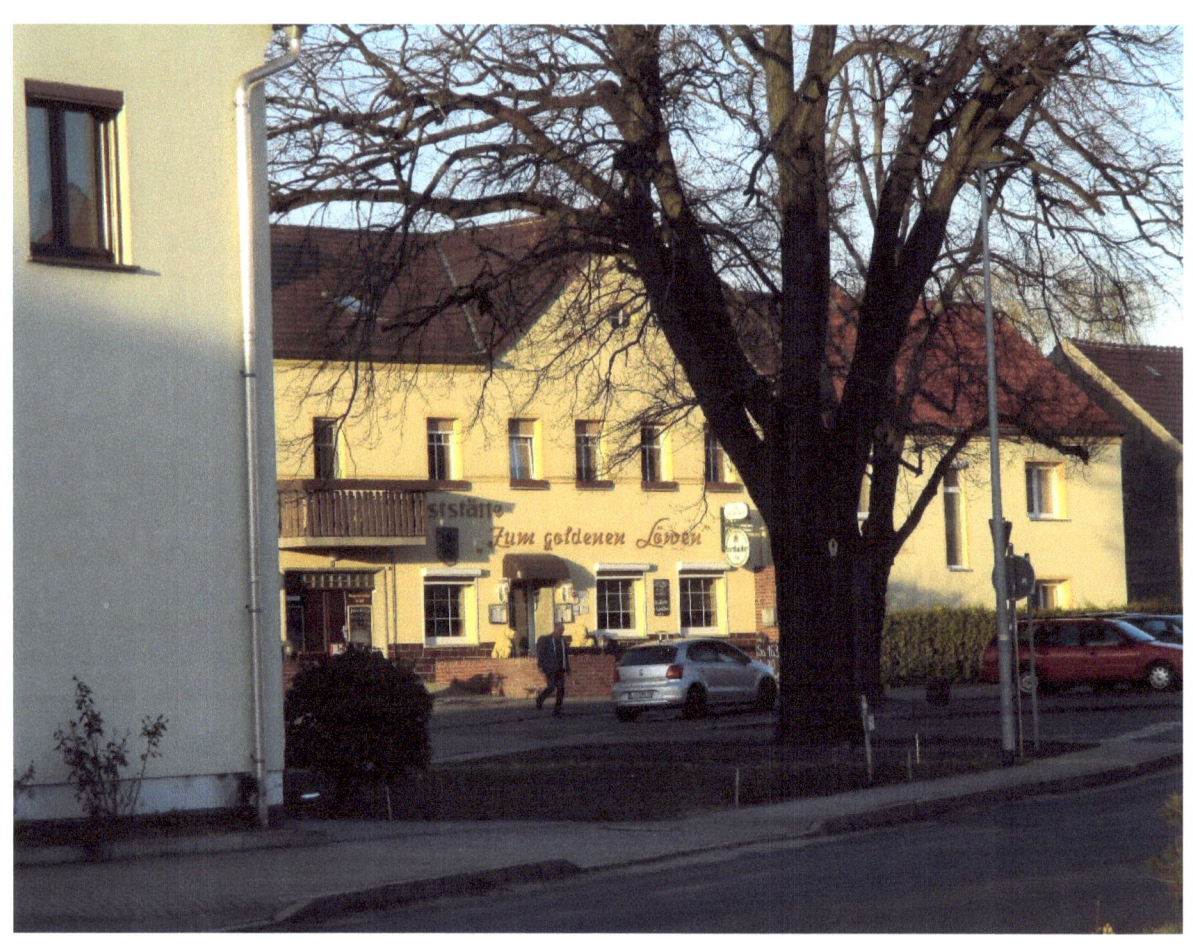

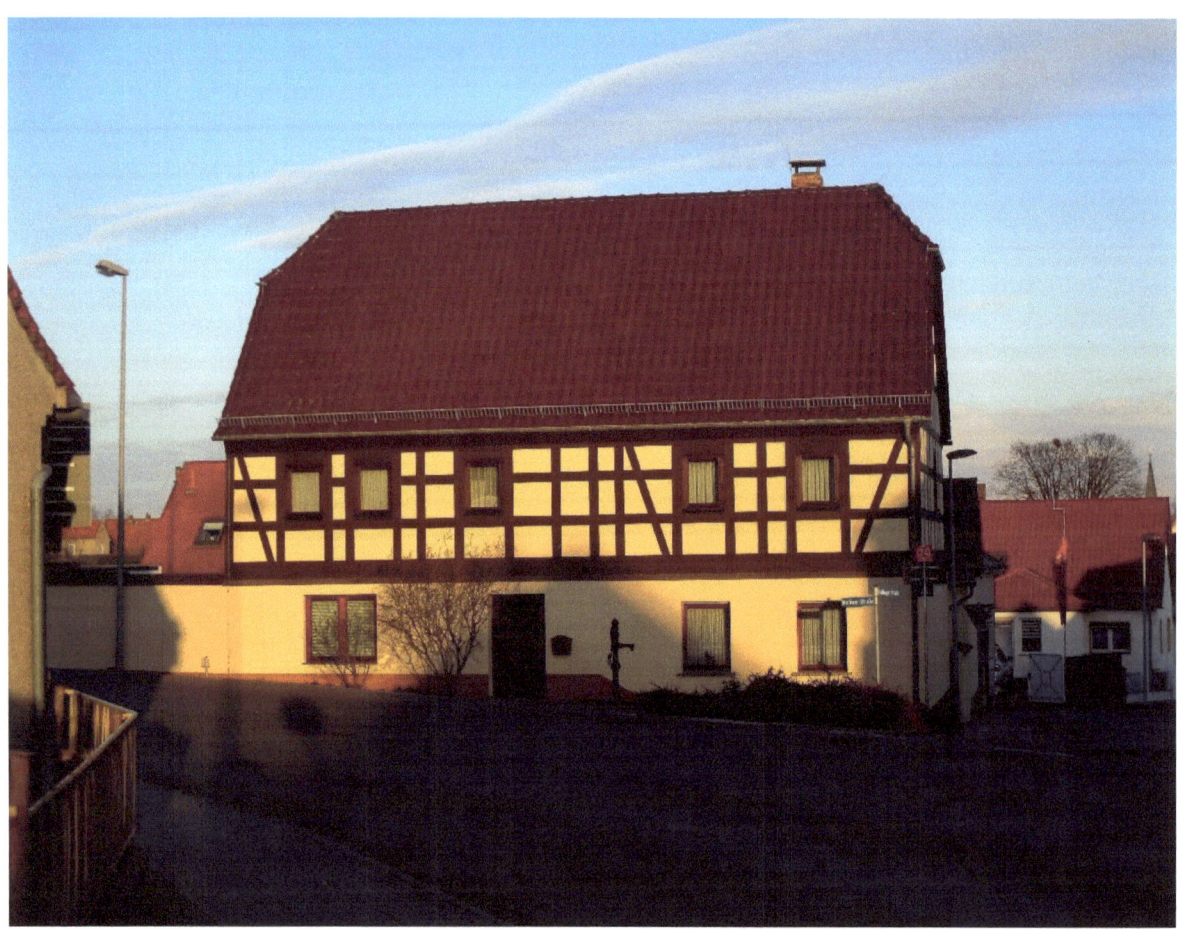

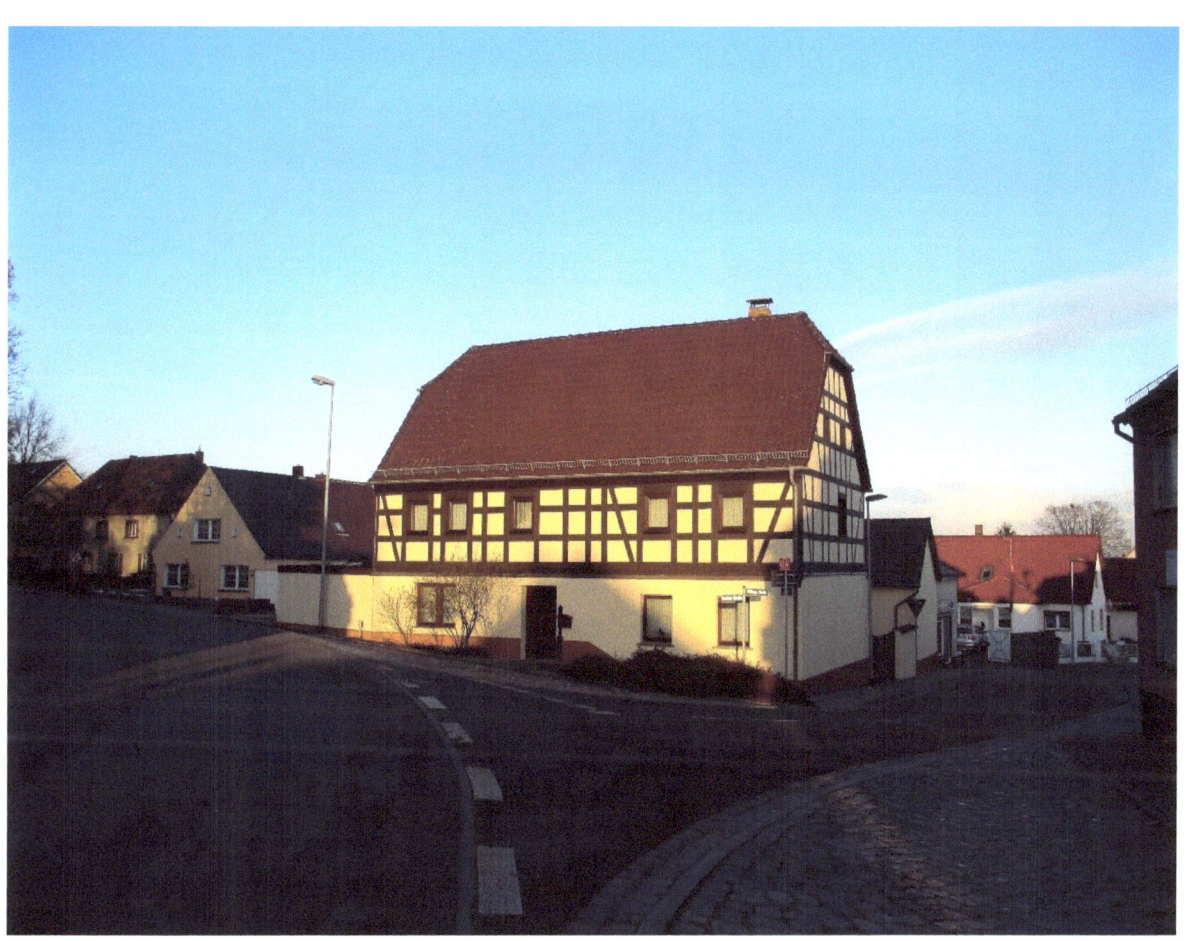

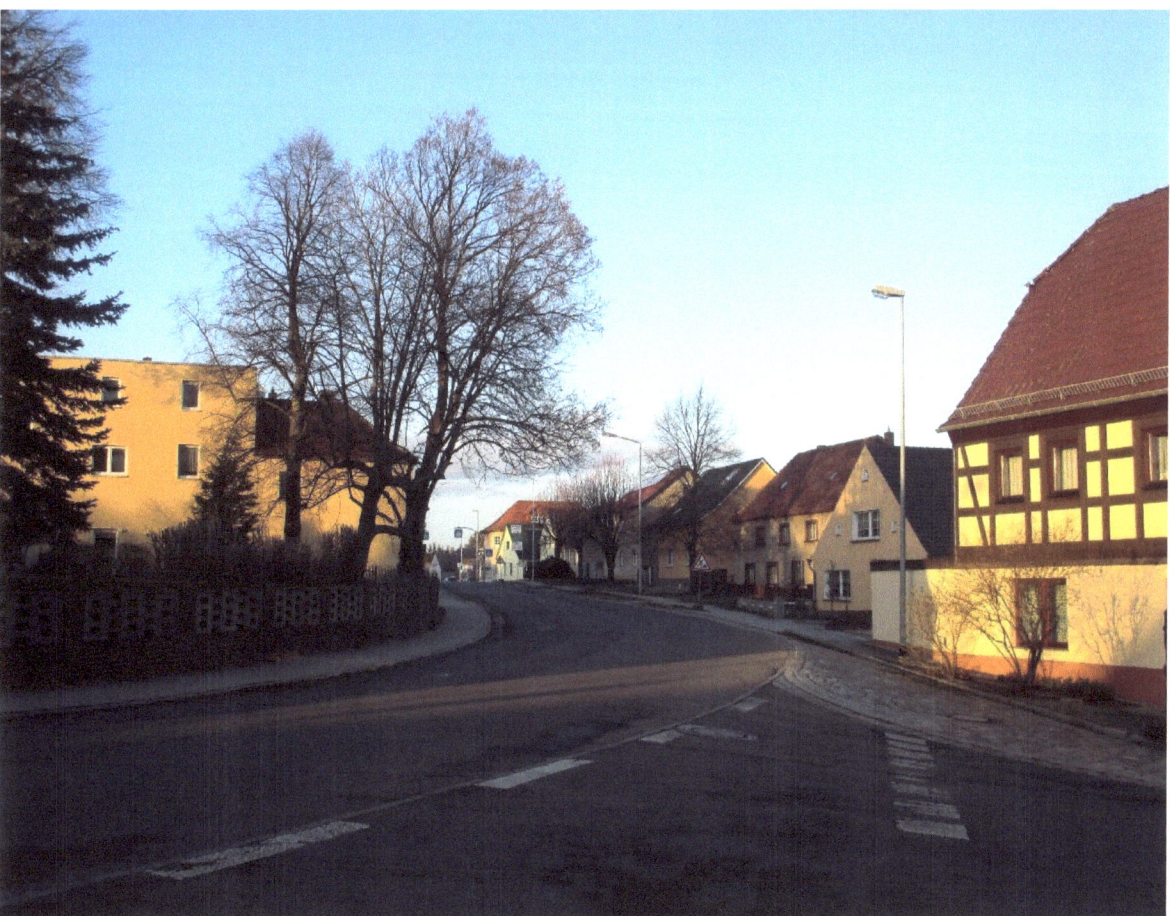

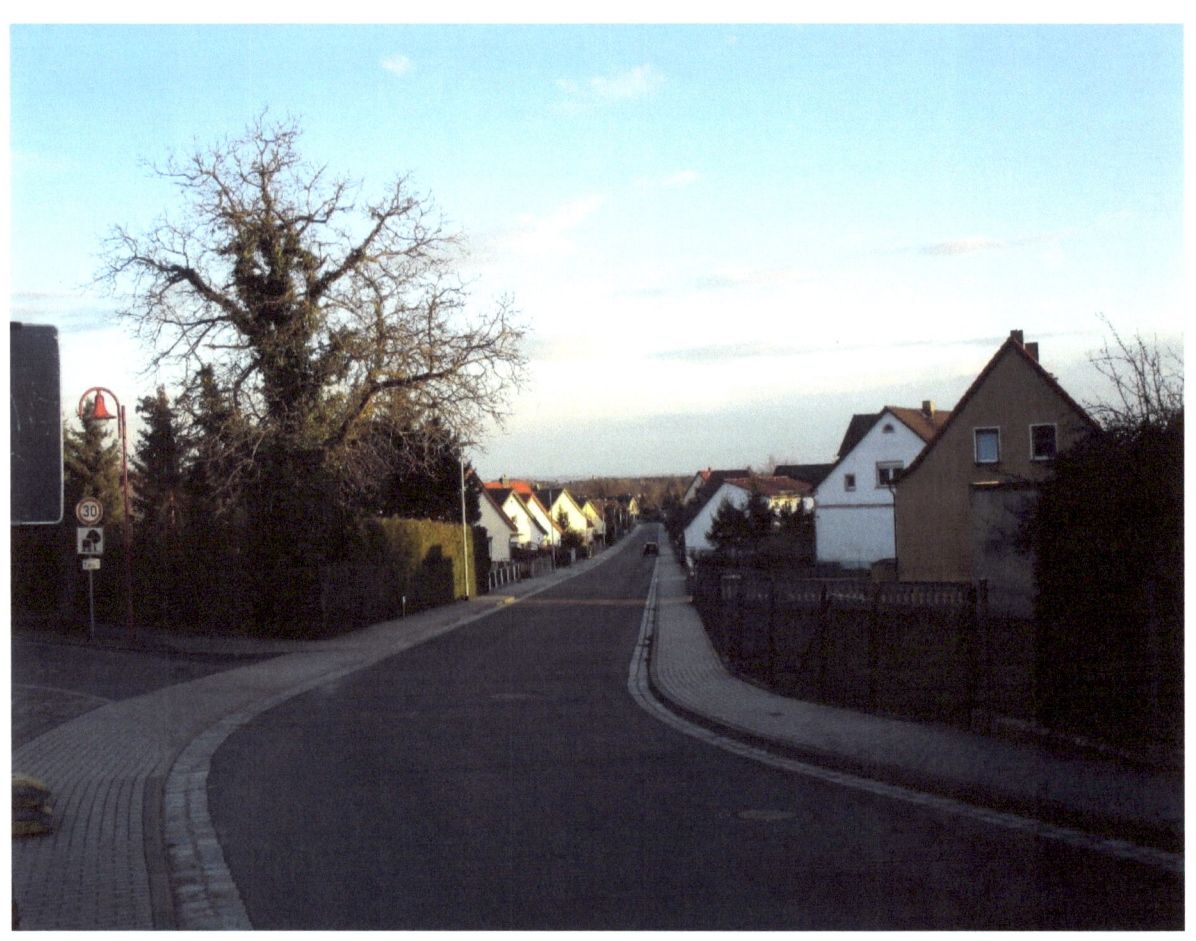

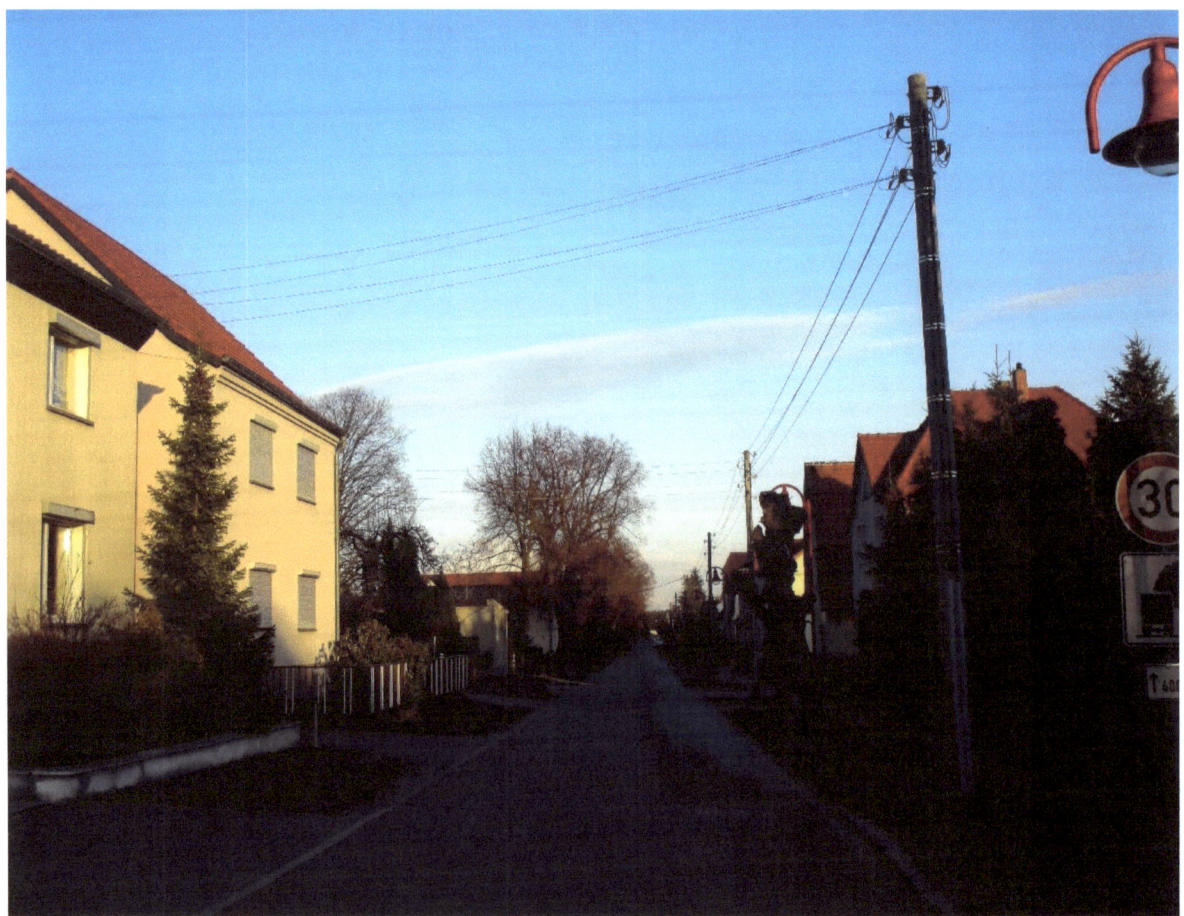

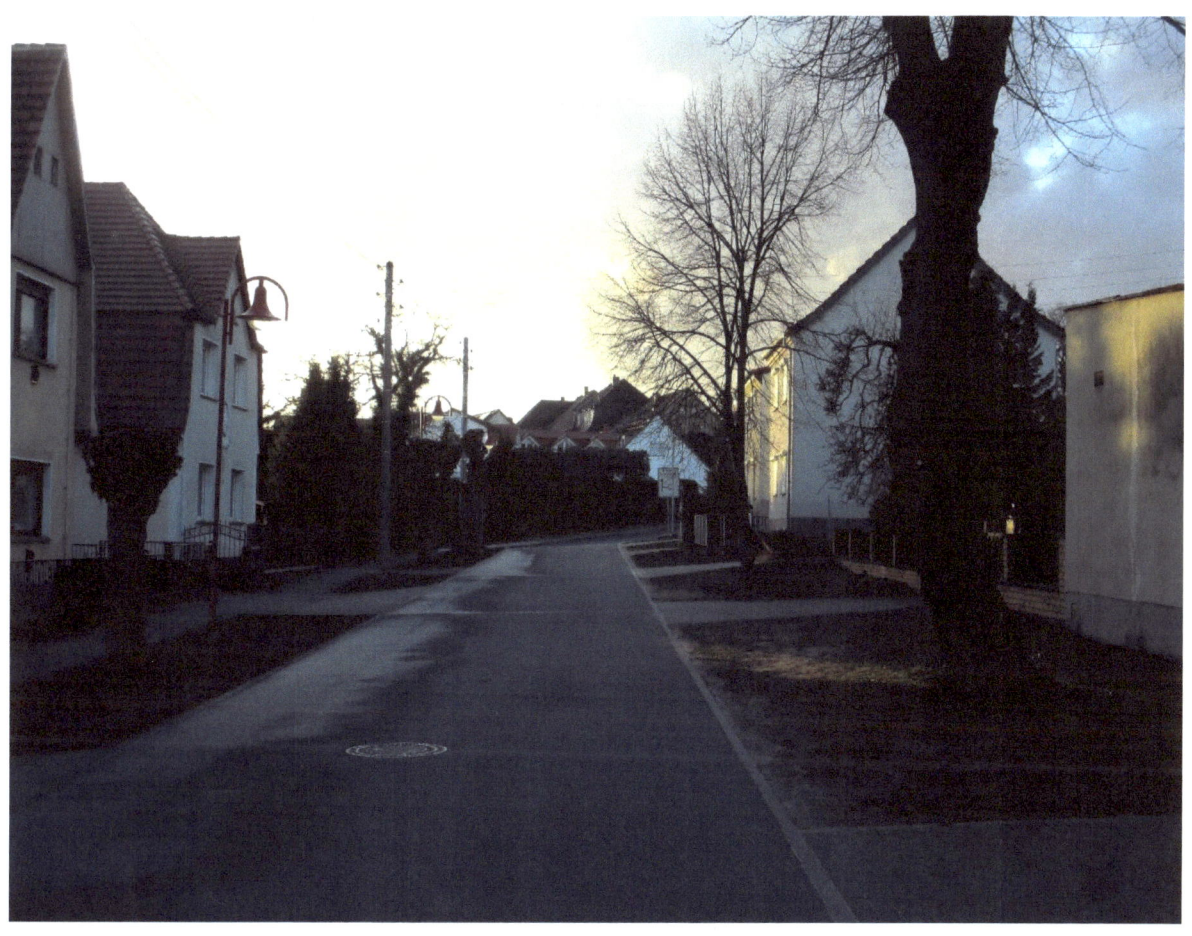

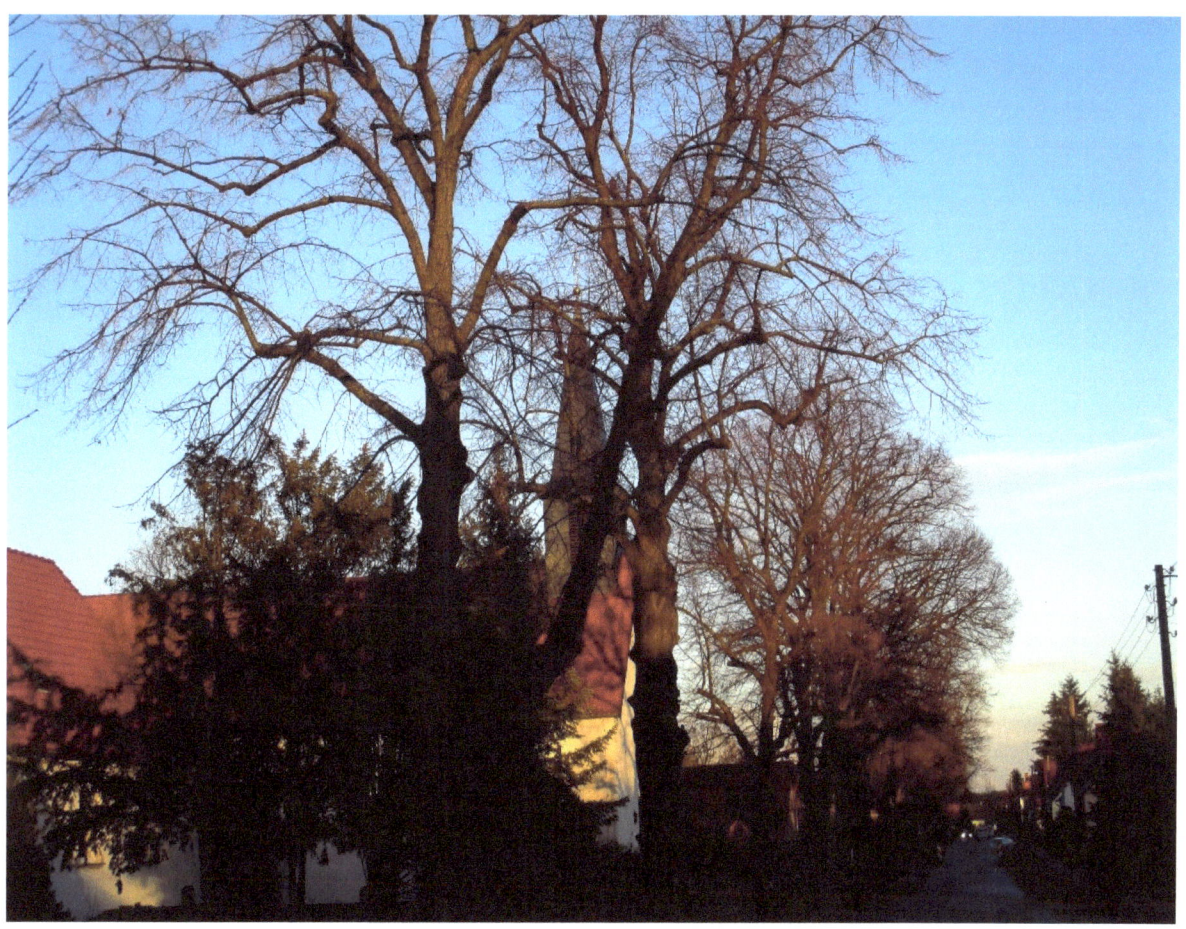

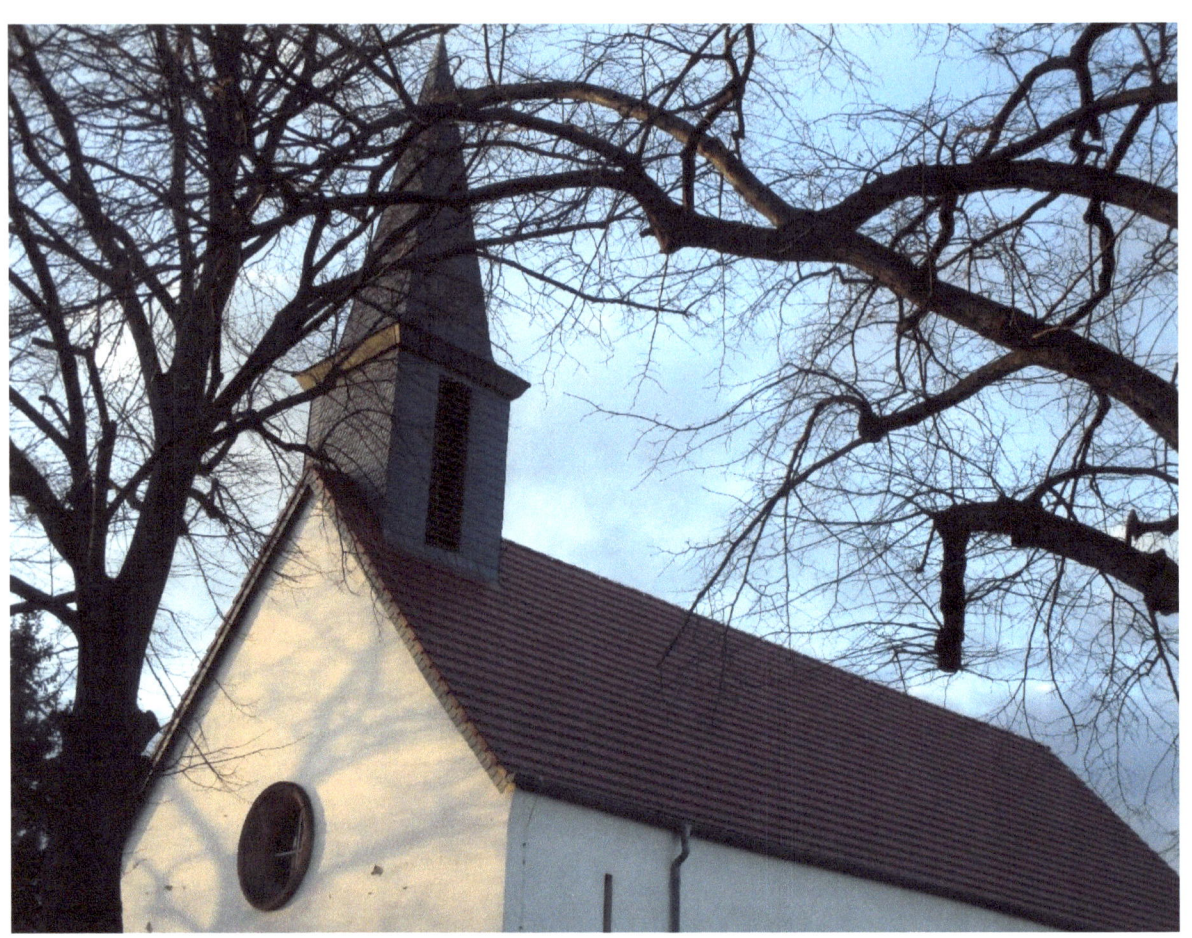

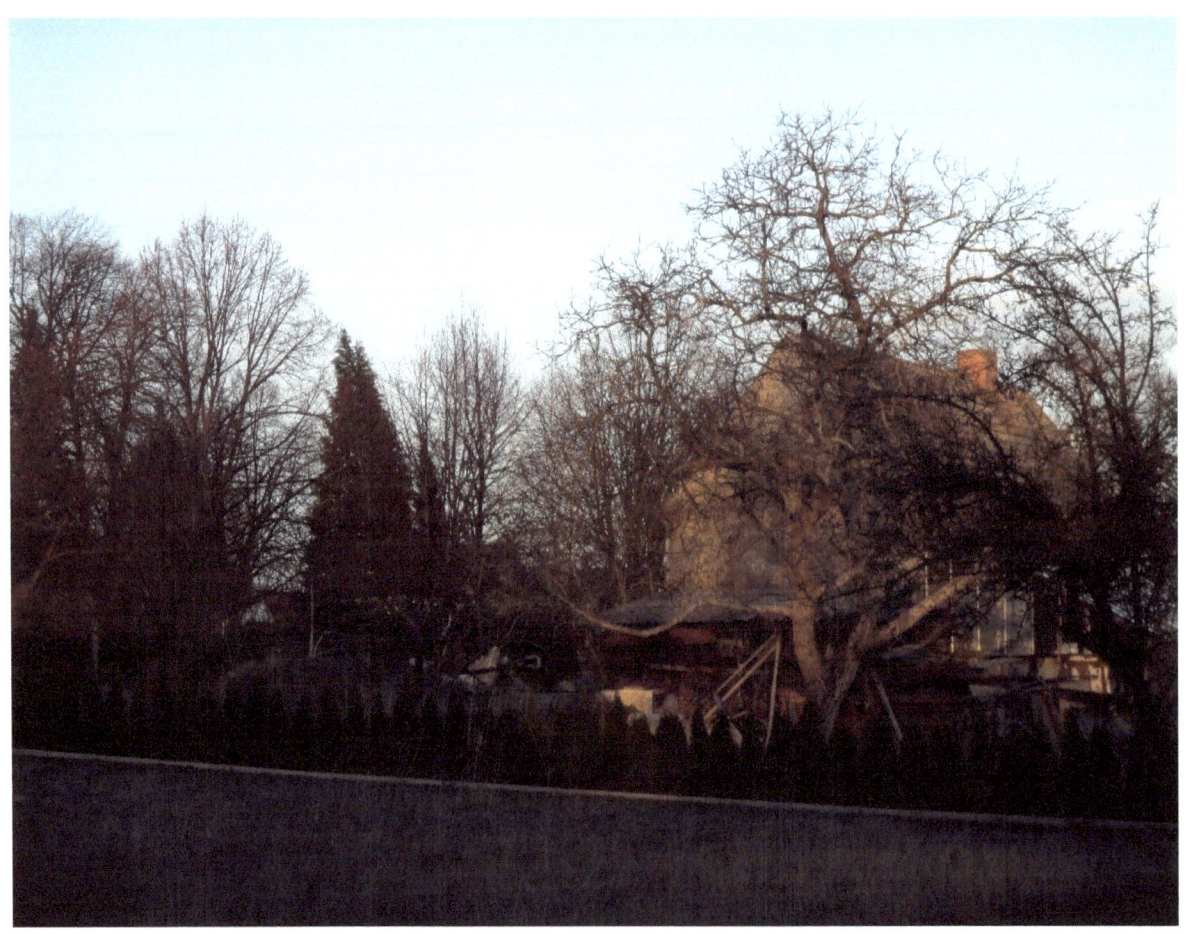

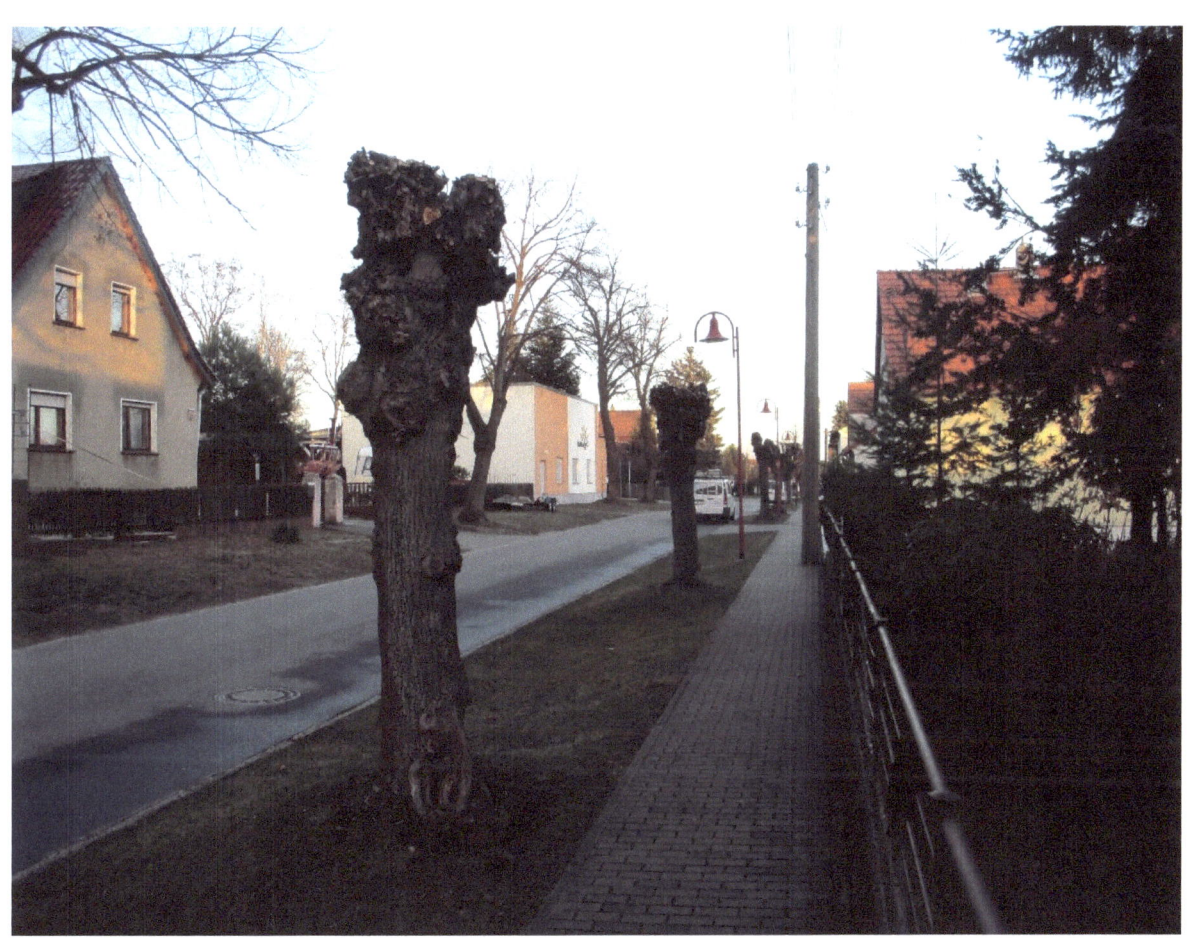

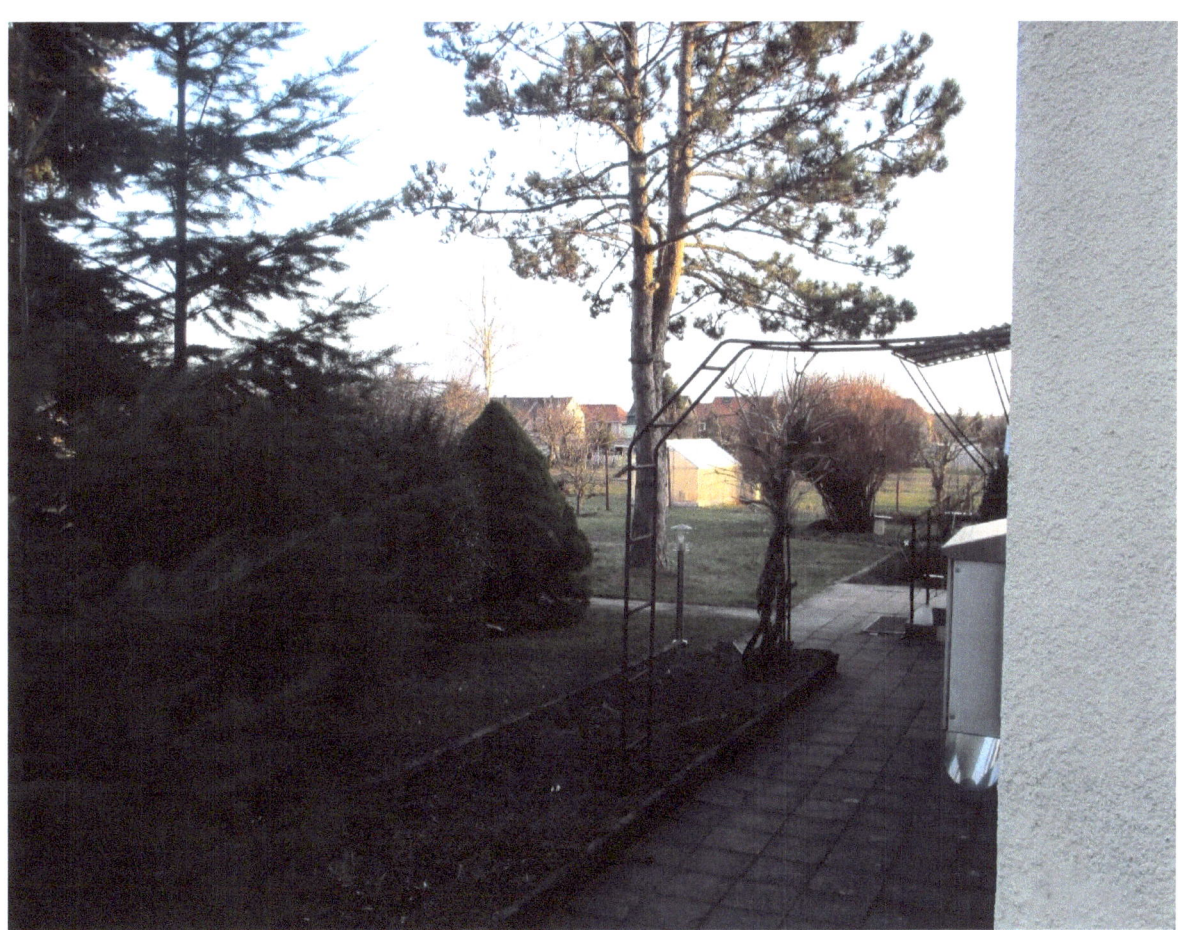

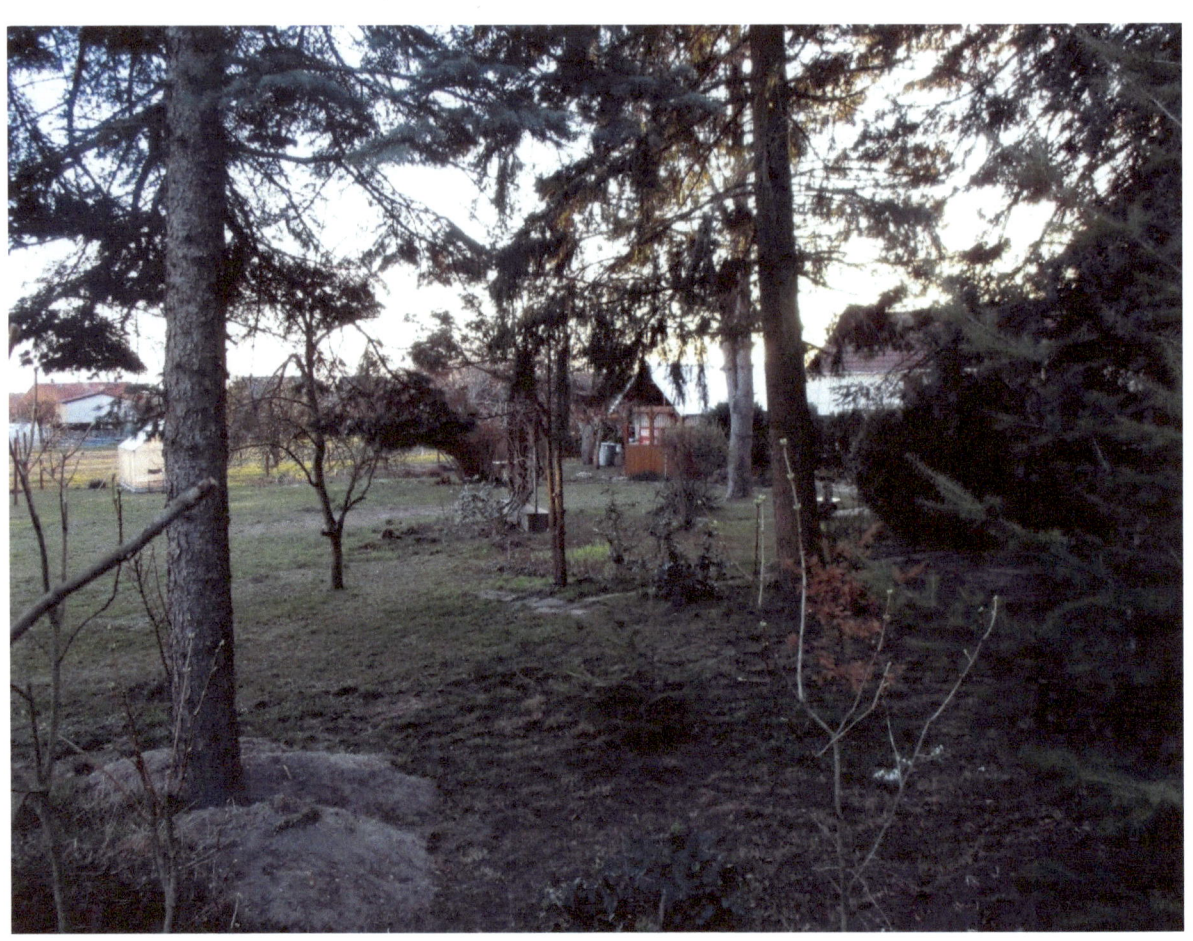

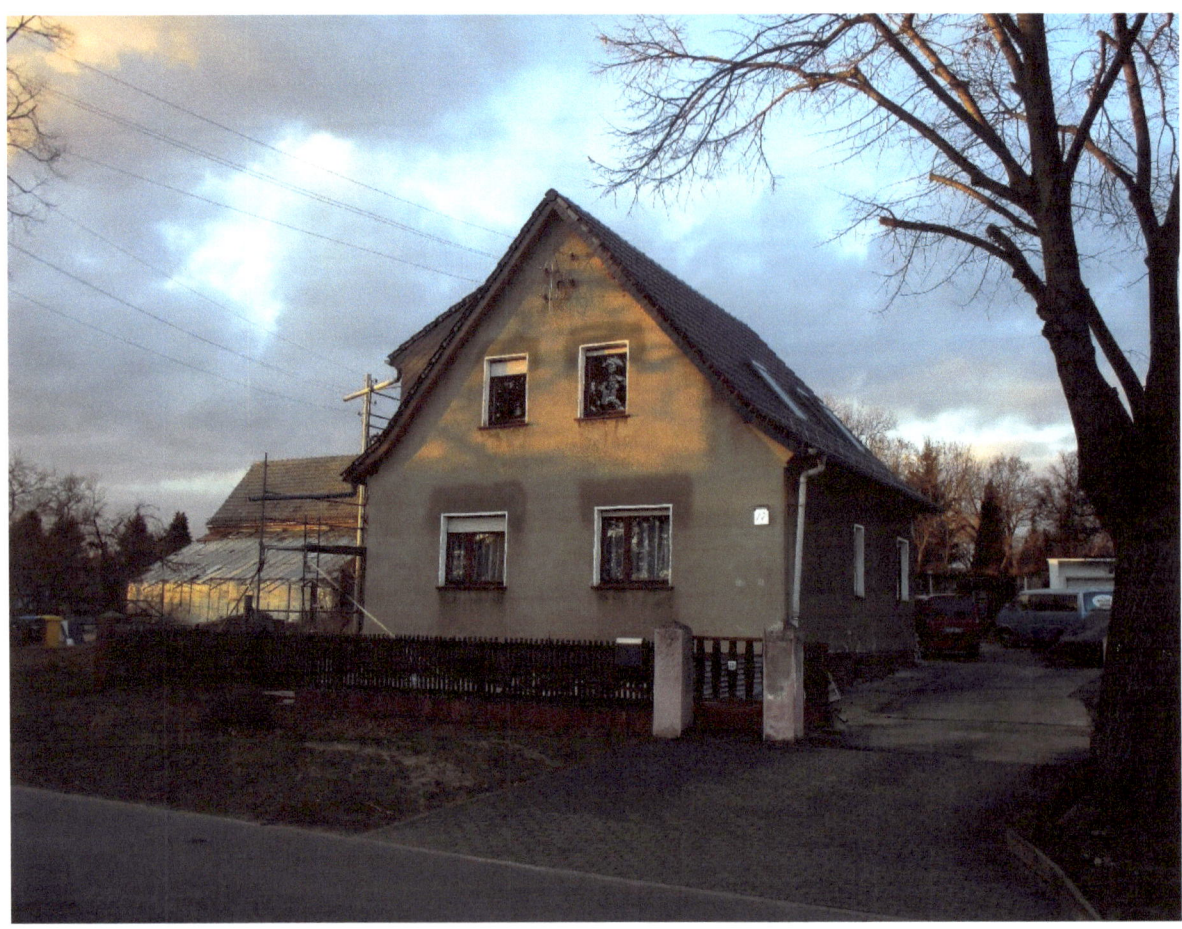

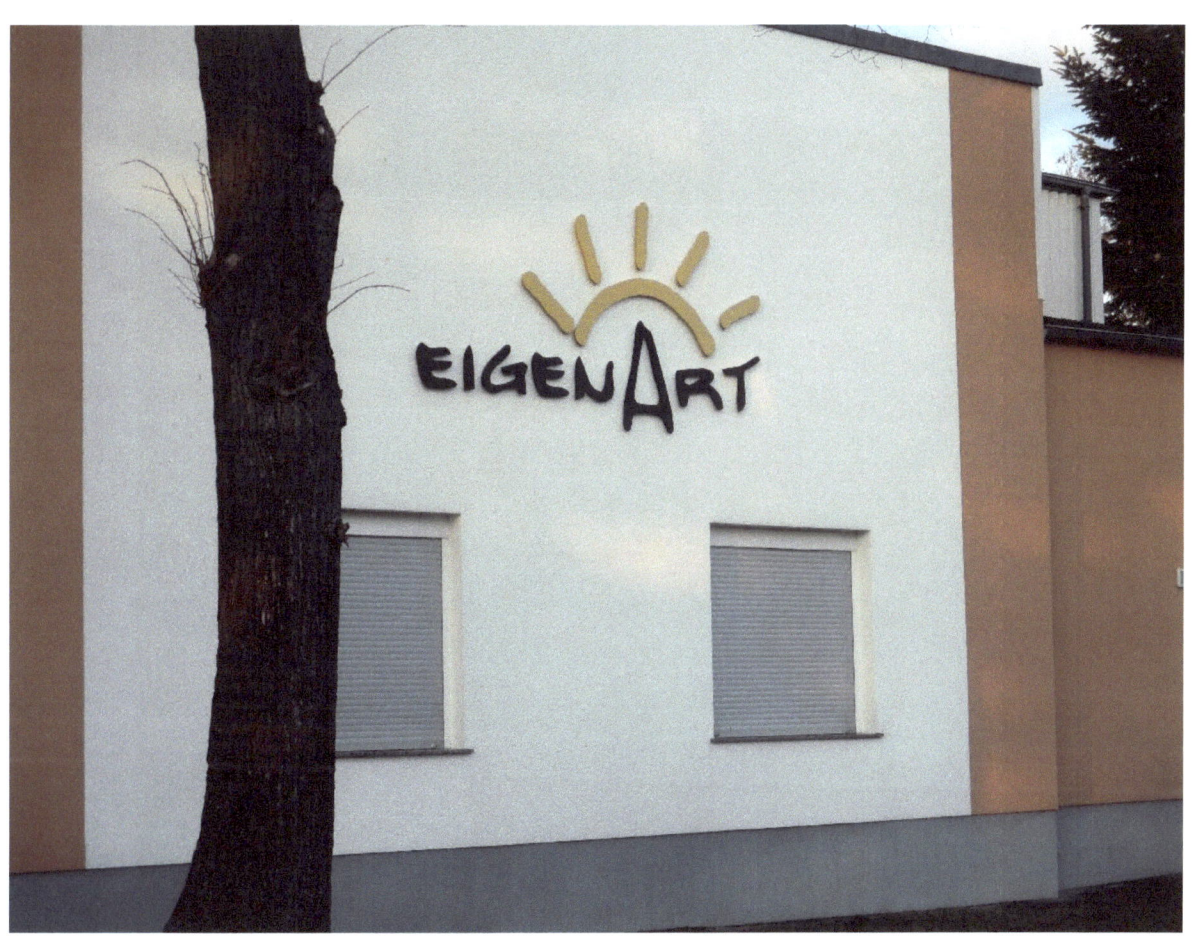

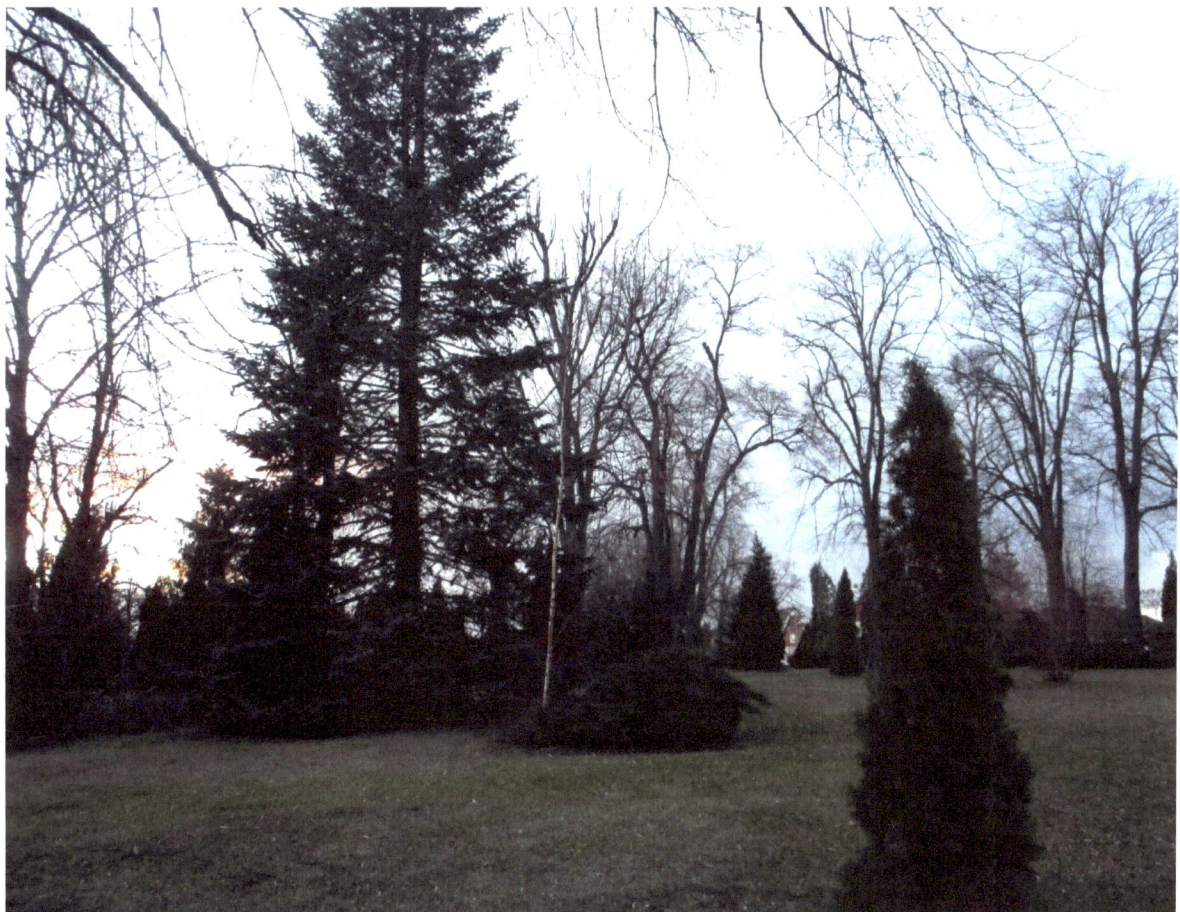

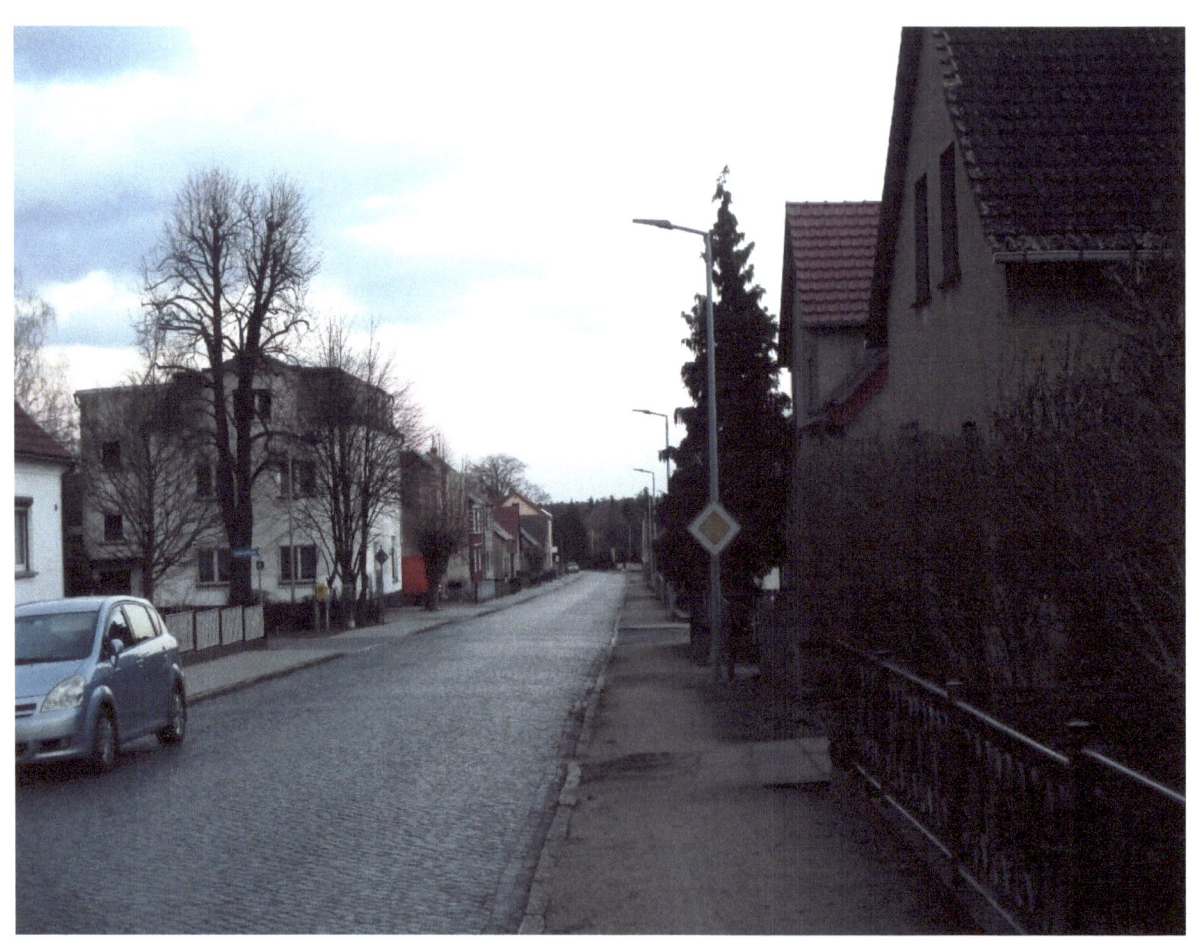

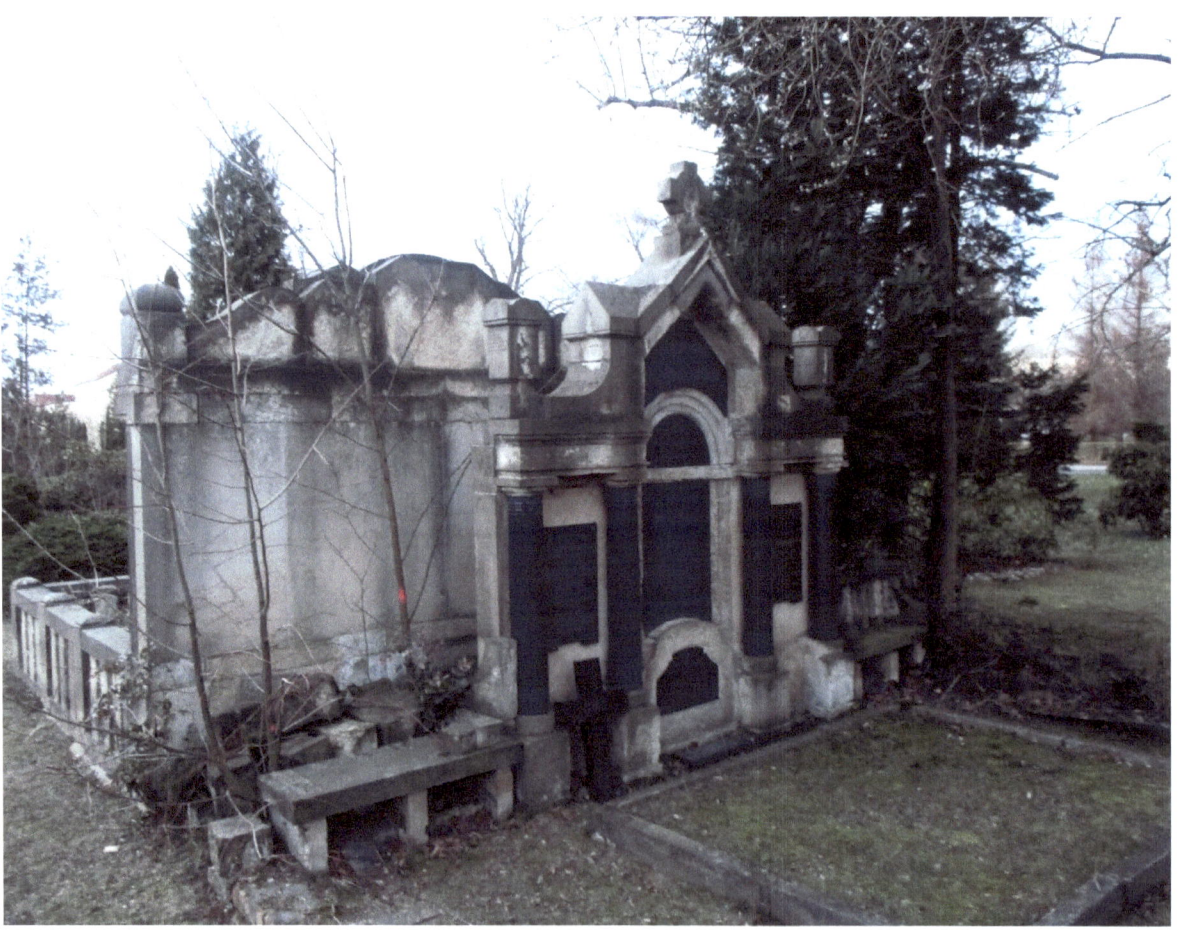

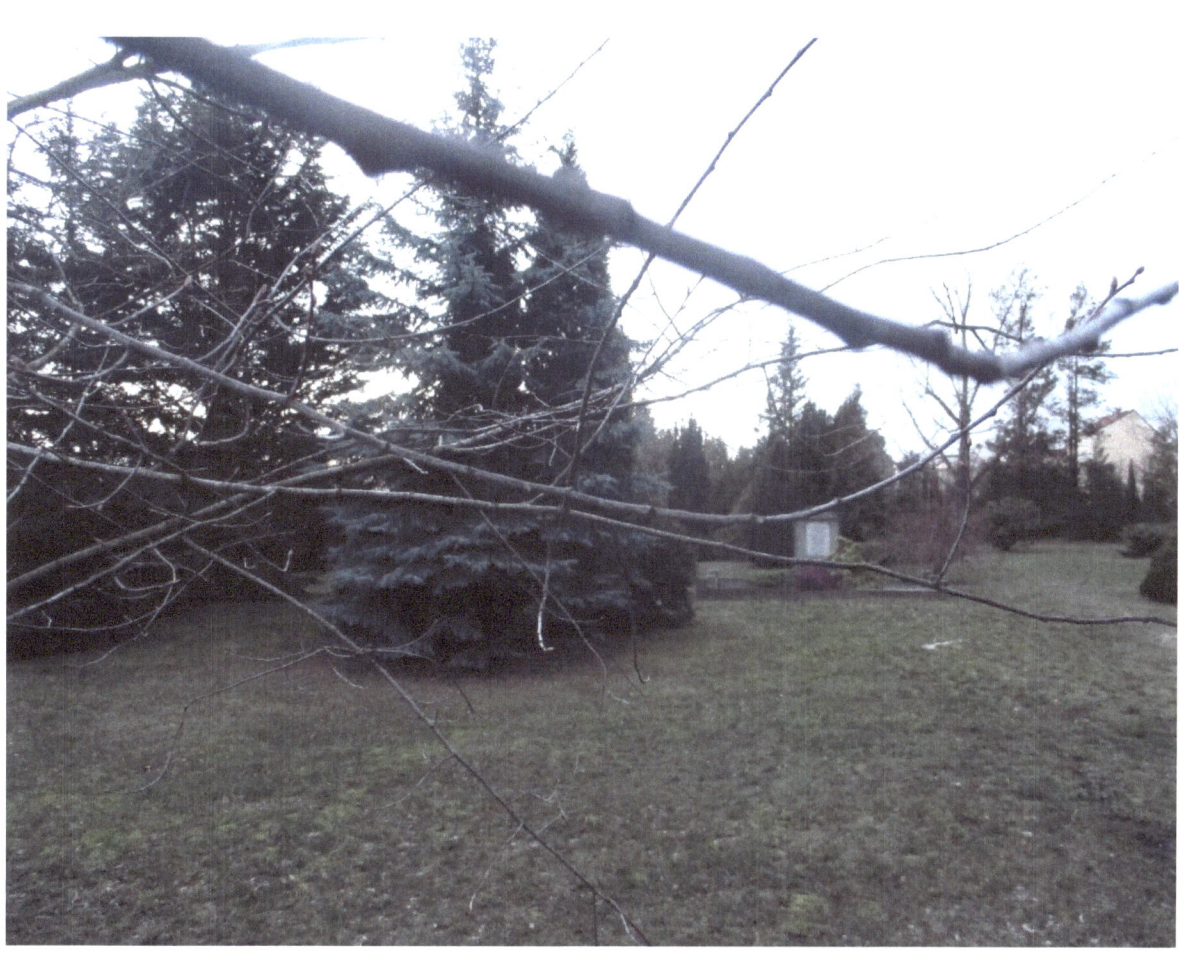

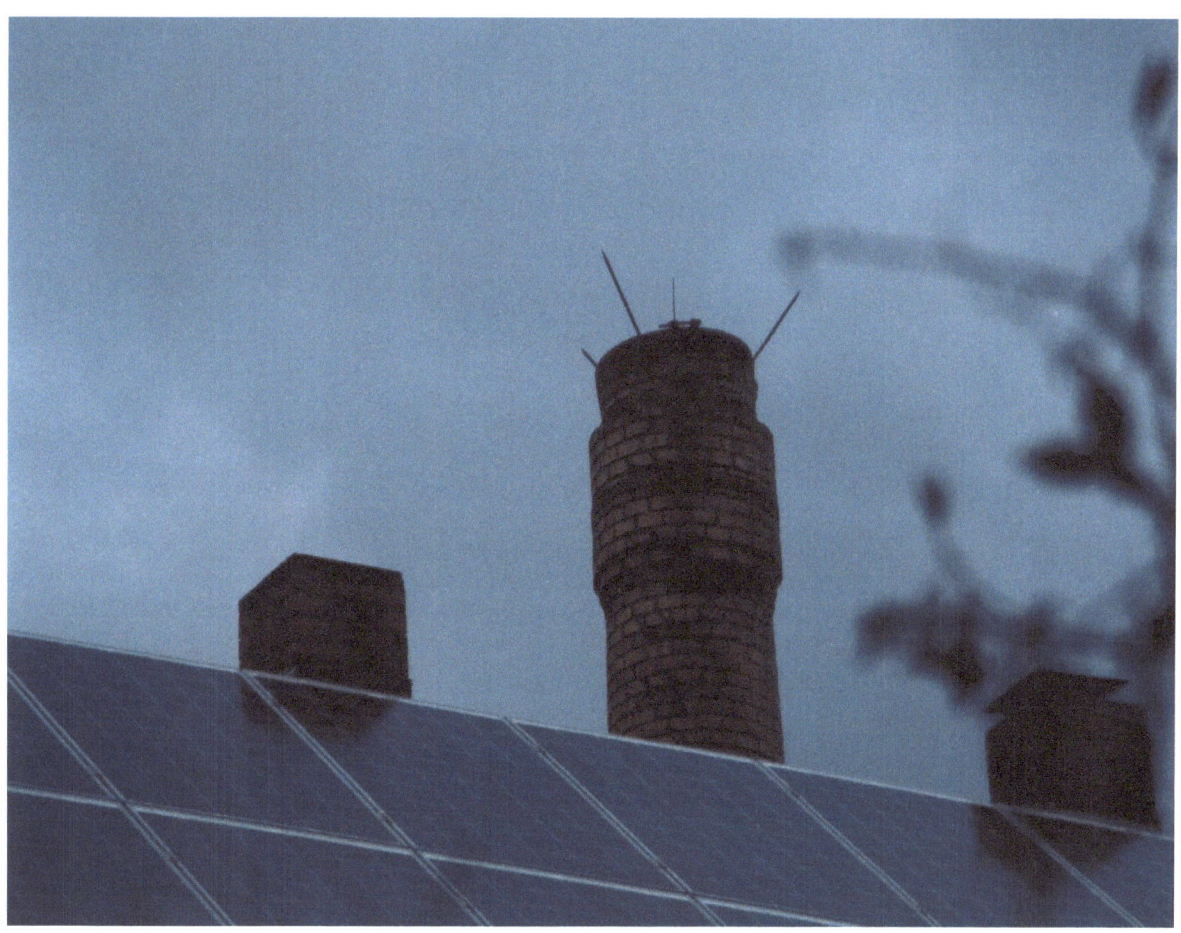